Marina Heilmeyer

Die Sprache der Blumen

Von Akelei bis Zitrus

Prestel
München · London · New York

Mit Textbeiträgen von Susanne Weiss

Umschlagvorderseite: Rose, Akelei, Zitrus, siehe Seiten 74 und 93, 20 und 90 und 88 und 93
Seite 2: Ferdinand Waldmüller, *Geburtstagstisch*, 1840, Detail. Siehe Seiten 42 und 91

Die Deutsche Bibliothek – CIP-Einheitsaufnahme
Ein Titeldatensatz für diese Publikation ist bei Der Deutschen Bibliothek erhältlich

Prestel Verlag
Mandlstraße 26, 80802 München
Telefon 089/381709-0 · Fax 089/381709-35
E-mail: info@prestel.de
www.prestel.de

Lektorat: Eckhard Hollmann
Gestaltung: Maja Kluy
Reproduktionen: LVD GmbH, Berlin
Druck und Bindung: Westermann Druck, Zwickau

Gedruckt auf chlorfrei gebleichtem Papier

Printed in Germany

ISBN 3-7913-2397-0 (deutsche Ausgabe)
ISBN 3-7913-2396-2 (englische Ausgabe)

Marina Heilmeyer

Einleitung

Der jahrhundertealte Dialog zwischen Mensch und Blume

»Oh du Feuerlilie« sagte Alice,
denn eine solche wuchs da und schaukelte anmutig im Wind,
»wenn du doch nur reden könntest!«
»Wir können schon«, sagte die Feuerlilie,
»solange jemand da ist, mit dem es sich lohnt.«

Als Lewis Carroll 1872 seine Alice aus dem Wunderland in den Garten der sprechenden Blumen schickte, war der Höhepunkt einer Ende des 18. Jahrhunderts begonnenen Diskussion über Seele und Sprache der Blumen bereits überschritten. Jean-Jacques Rousseau hatte sie mit seinem 1761 erschienenen Roman *Julie oder Die neue Héloise* ausgelöst. Das »Gefühl« als seelisches Element war wieder entdeckt, und lebendiges Empfinden für das Schöne in der Natur sollte die Menschen gut und fromm werden lassen.

Damit wurde die schon von Aristoteles eingeleitete Diskussion über die Pflanzenseele wieder aufgenommen. Er hatte eine Hierarchie des Lebendigen aufgestellt, die der Pflanze eine Stellung zwischen unbelebter Natur und Tier zuteilte und ihr trotz der Unfähigkeit, sich von der Stelle zu bewegen, eine spezifische Pflanzenseele zugestand.

Mindestens seit es schriftliche Überlieferungen gibt, haben die Menschen über die Pflanzen, ihr Wesen und ihre Wirkung nachgedacht. Früh schon und unter vielen Mühen sammelten sie überraschend genaue Erfahrungen, welche Pflanzen hilfreich sind und welche auf seelische oder körperliche Vorgänge fördernd oder hindernd wirken. Von dieser Wirkung der Pflanzen her lag es nahe, göttliche Kräfte am Werk zu sehen, die über die Pflanzen auf die Menschen Einfluss nehmen.

So glaubte man im pharaonischen Ägypten, dass im Duft der Blumen göttliche Kraft steckt. Unendlich oft sind auf den ägyptischen Fresken Menschen abgebildet, die an den großen Blüten köstlich duftender blauer Seerosen schnuppern. Sie glaubten, mit dem Duft göttliche Kraft in sich aufnehmen zu können (Abb. 1).

Im sandigen und schattenlos heißen Ägypten kam den Pflanzen eine ganz besondere symbolische Bedeutung zu. Sie wuchsen und blühten an den künstlichen Teichen der Gärten reicher Privathäuser und Tempel, sie schmückten zu Kränzen gewunden die Festtafeln und Festgäste und begleiteten als Sträuße und Girlanden die Menschen auf ihrem Weg ins Jenseits. Diese innige Liebe zu Gärten und Blumen spiegelt sich auch in der ägyptischen Poesie. Ihre vielen Liebeslieder sind, wie *Das*

Hohe Lied Salomons bei den Hebräern, voller Anspielungen und Vergleiche mit Blumen. Als die Römer unter Cäsar Ägypten eroberten, kamen auch römische Naturphilosophen in das Land am Nil. Sie berichteten vom geradezu betäubenden Blumenduft, der das ganze Land beherrschte, und befürchteten, dass die intensiven Düfte ihnen den Kopf benebeln und ihr Urteilsvermögen allzu sehr beeinträchtigen könnten. Blumen und Kränze aus aromatischen Kräutern und Zweigen, durchwirkt von farbigen Blüten, liebte auch die griechische Antike. Die Schönheit der Blumen, den Wechsel der Jahreszeiten und das Werden und Vergehen in der Natur versuchte man, durch mythologische Figuren und Geschichten zu erklären. Verschiedene Pflanzen wurden einzelnen Göttergestalten zugeordnet, ihre Entstehung gelegentlich mit Verwandlungen von Menschen in Pflanzen erklärt. Wie die Geschichten der Bibel waren auch diese antiken Mythen über die Jahrhunderte eine unerschöpfliche Quelle allegorischer Naturdeutungen. Gleichzeitig haben die Griechen sich sehr früh um eine systematische Erfassung und Beschreibung der Pflanzenwelt bemüht. Auch wenn sich heute die botanischen Namen meist in latinisierter Form präsentieren, gehen sie nur in begrenzter Zahl auf die von den Römern geschaffenen Bezeichnungen zurück.

Von den griechischen Blumengärten ist uns nur Weniges bekannt. Dennoch müssen regelrechte Handelsgärtnereien existiert haben, denn der Brauch, sich mit Blumen zu bekränzen, nahm seit dem 6. vorchristlichen Jahrhundert immer mehr zu. Heilige Handlungen wurden von bekränzten Menschen ausgeführt, Opfertiere trugen Blumenkränze, besondere Ereignisse wurden durch bestimmte Blätter- oder Blütengebinde hervorgehoben und beim Gastmahl, das mit einer kultischen Handlung begann, bekränzten sich alle Gäste. Aus den verwendeten Blumen- und Blattarten ließen sich die unterschiedlichen Anlässe ablesen. Blütenkränze aus Myrten oder Ölblättern waren Zeichen militärischen Triumphes oder politischer Funktionen, Lorbeer, Ölbaum oder Sellerie kündeten von sportlichen Erfolgen, Künstlern und Poeten wurden Lorbeerkränze überreicht, Kränze aus Rosen, Hyazinthen, Veilchen und Lotus schmückten die Gäste festlicher Gelage. Sehr poetisch beschreibt die Dichterin Sappho um 600 v. Chr. das Blütengebinde eines jungen Mädchens: »Viele Kränze von Veilchen hast, und von Rosen und Krokus du, bei mir dir ins Haar gebunden.«

In den Gärten wollte man sich an wohlriechenden Blüten erfreuen, und auch die Gräber der Toten wurden mit duftenden Blumen bepflanzt, denn der Wohlgeruch war ein Zeichen für die Verklärung der Toten. Aphrodite, die »veilchenbekränzte« Göttin der Liebe, war die Beschützerin der Blumen und der Gärten.

1 Das Grab des Nacht in Theben-West, 18. Dynastie, um 1400 v. Chr., Nacht und seine Frau Taui mit einer Blüte der *Nymphaea coerulea*, der Blauen Lotosblüte, Ausschnitt von der rechten Rückwand (Westwand)

Im zweiten vorchristlichen Jahrhundert entstand in Griechenland eine Literaturgattung, die über die Jahrhunderte bis ins Mittelalter, die Renaissance und die Neuzeit weitergewirkt hat. Liebesszenen in herrlichen Gärten und Hirtenleben in freier und unberührter Natur sind ihre Themen. Aber erst aus römischer Zeit ist eine Fülle herrlicher Gartenbilder erhalten geblieben (Abb. 2).

Die Göttin Flora gehört als Beschützerin der Gärten zu den ältesten Gestalten der römischen Religionsgeschichte. Ihr zu Ehren wurden vom 28. April bis 3. Mai die *Floralia* gefeiert, ein heiteres Frühlingsfest mit laszivem Charakter, das der Fruchtbarkeit aller Wesen huldigte. Dieser Brauch wurde während der Renaissance in Florenz wieder aufgenommen. Die in der griechischen Welterklärung entwickelte Idee der Verwandlung von Menschen in Pflanzen griff der Dichter Ovid im ersten vorchristlichen Jahrhundert in Rom auf. Seine *Metamorphosen* gewannen großen Einfluß auf die Literatur und Kunst der Renaissance und des Barock.

2 Fresko aus dem Gartensaal in der Villa der Kaiserin Livia bei Primaporta, Rom, um 20 v. Chr.

Während der römischen Kaiserzeit wurde in Rom ein ungeheurer Luxus mit Blumen getrieben. Ganze Räume ließ man mit Rosenblättern auslegen oder mit duftenden Safranblüten bestreuen. Mit dem Zusammenbruch des römischen Imperiums um 550 verschwand diese raffinierte Blumenkunst in Europa für einige Jahrhunderte, denn die frühen Christen betrachteten Blumen und Bilder mit großem Misstrauen und sahen in ihnen Sinnbilder der »dekadenten« heidnischen Kultur.

Die Ablehnung von Blumenschmuck und Blumendarstellung brachte auch die Blumenzucht und die Gartenkultur im Abendland zum Erliegen. Nur in den Klöstern wurde das Wissen der Antike in den Nutz- und Heilpflanzen-Gärten und in den Bibliotheken bewahrt. Erst nach der Krönung Karls des Großen zum römischen Kaiser im Jahre 800 änderte sich die Einstellung zur Pflanzenwelt. Durch die Feldzüge gegen die Mauren in Spanien lernte er arabische Gärten kennen. Hier wurden den Blumen ganz besondere Bedeutungen zugesprochen. So sollte die Rose aus einem Schweißtropfen Mohammeds entstanden sein, der während seiner himmlischen Reise aus seiner Augenbraue fiel. Ähnlich wie später in der christlichen Natursymbolik ist die Schönheit der einzelnen Blumen im Islam ein Sinnbild für den Geist Gottes. Dem gläubigen Moslem galt ein Garten auf Erden als Vorbote des himmlischen Paradieses (Abb. 3).

Karl der Große forderte um 800 in seinem *Capitulare de villis vel urbis* für die Gärten seiner Burgen und Gehöfte einen Grundbestand an Heil- und Nutzpflanzen und schuf damit die Grundlage der europäischen Gartenkultur. Seinen freundschaftlichen Beziehungen zu Harun-Al-Rashid verdankte er einige seltene orientalische Pflanzen. Fast gleichzeitig richtete im Benediktinerkloster auf der Insel Reichenau im Bodensee der Abt Walahfried Strabo einen Garten ein und schreibt über die Blumen, die darin wachsen: »Zwei Blumen so geliebt und verehrt, die über die Zeitalter als Symbol der größten Schätze der Kirche dastanden, da sie die Rose pflückt als Zeichen des vergossenen Blutes der Märtyrer und die Lilie trägt als leuchtendes Zeichen des Glaubens; pflückt Euch die Rosen zum Krieg, für den Frieden die lächelnde Lilie.« Nun ist der Bann gebrochen und in rascher Folge entwickeln sich Blumenkultur, -symbolik und -sprache. Vieles aus der Antike wird wieder aufgenommen und auf den christlichen Glauben umgedeutet. Platonisches Gedankengut vermischt sich mit römischen, christlichen und germanischen Ideen. All dies fließt auch in den Dialog mit den Pflanzen ein. Die Klostergärten werden zu irdischen Paradiesen erklärt, und neben den Heilpflanzen dürfen auch Blumen zum reinen Vergnügen wachsen. Die Schönheit der Natur gilt als ein Beweis für die göttliche Schöpfung der Welt.

3 *Die Rose Mohammeds* aus der Handschrift *Akhlaq-i Rasul Allah*, Türkei, 1708, Berlin, Staatsbibliothek Preußischer Kulturbesitz, Orientabteilung

In der ersten Hälfte des 13. Jahrhunderts erscheint in Frankreich der »Rosenroman« des Guillaume de Lorris. Er gibt dem Mittelalter seine Form des Liebesromans und wählt zum Hauptschauplatz seiner Liebesgeschichten den Garten. Die Blumen werden zu Botschaftern der Gefühle. Man sagte sich Vertraulichkeiten »durch die Blume« und jeder gebildete Mensch wusste den Symbolcharakter kleiner Sträußchen, die als Zeichen überreicht wurden, zu deuten. In der Urfassung der Parsifal-Sage liest man von der gefangenen Oriane, die ihrem Liebsten weder schreiben noch zu ihm sprechen konnte. Ihm aber gelang es, ihr als Zeichen seiner Liebe und seines Schmerzes eine von seinen Tränen benetzte Rose zuzuwerfen.

»Meine Schwester, liebe Braut, du bist wie ein verschlossener Garten«, so rühmte Salomo im *Hohen Lied* seine Freundin. Daraus entstand wohl der »Hortus conclusus« des Mittelalters, ein kleines Paradies auf Erden (Abb. 4). Zur Zeit der Minnesänger wurde er zum Liebesgarten, in dem man Blütenkränze band und tauschte.

»Nehmt, Fraue, diesen Kranz, so zieret ihr den Tanz«, schrieb Walther von der Vogelweide um 1210. Der Verbrauch an Rosen zum Ausschmücken der Gemächer und bei Festlichkeiten muss in der Zeit der Minnesänger ähnlich groß gewesen sein wie in der römischen Kaiserzeit. Selbst die Bäder bestreute man mit Rosenblättern.

4 Maître du Roi René,
Arcitas und Palemon bewundern Emilia im Garten,
Miniatur aus dem französischen Manuskript
von Giovanni Boccaccios *Teseida,* 1460, Wien,
Österreichische Nationalbibliothek

Die Schönheit der Natur wurde in ganz Europa neu entdeckt, besungen und dargestellt. Als wäre die Welt neu erblüht, breiten sich auf allen Bildern die Blumen aus. Die Pflanzenwelt zählt nun zum selbstverständlichen Bestandteil der Bildaussage. Die italienischen Maler beantworteten den von niederländischen Künstlern

rasch zur Perfektion gebrachten pflanzlichen Verismus. Selbst zwischen Felsen im Wald erblühen die Blumen zur Freude des Christuskindes und als Zeichen eines versprochenen Paradieses (Abb. 5).

Gott, der Schöpfer des Universums, wollte mit den Blumen nicht nur die Augen der Sterblichen erfreuen, sondern auch die Seelen der Unsterblichen.

In der Zeit der Renaissance erlangten die Hirtengedichte Vergils und die *Metamorphosen* des Ovid neue Bedeutung. Flora, eine Göttin der römischen Antike, spielte eine wichtige Rolle, die ihr so zuvor nie zugestanden worden war.

Der Maler Sandro Botticelli setzte ihr 1482 ein besonderes Denkmal. Auf dem für die Medici-Familie gemalten Bild der *Primavera* schilderte er die Verwandlung der griechischen Nymphe Chloris in die römische Blumengöttin Flora. Sie wurde vom Windgott Zephyr geraubt, dann zur Blumengöttin erhoben und darf nun den Frühlingsbeginn auf der Erde bestimmen. Als Flora streut sie rote und weiße Rosen aus, ihr Kleid ist übersät von vielen Blumen, und sie schreitet über eine Wiese voller Frühlingsblumen, wie sie noch heute in der Umgebung von Florenz zu finden sind (Abb. 6).

5 Fra Filippo Lippi,
Anbetung im Walde, 1459
Gemäldegalerie, Staatliche Museen zu Berlin
Preußischer Kulturbesitz

In einem weiteren Bild wird von der antiken Flora erzählt (Abb. 7). Nicolas Poussin malte es 1630/31. Blumen streuend geht Flora leichten Schrittes durch ihr Reich. Rechts von ihr greift sich der Jüngling Hyakinthos an die Stirn, der, von der Diskusscheibe des Apollo getroffen, trotz aller göttlichen Hilfe sterben muß. Ovid beschreibt dies in seinen *Metamorphosen*:

»... doch umsonst seine Kunst: Es war unheilbar die Wunde.
Wie, wenn Veilchen Einer und Mohn im berieselten Garten
Oder Lilien bricht mit gelben, starrenden Zungen,
Und sie lassen, verwelkt, auf einmal hängen die Köpfe,
Halten sich aufrecht nicht mehr und blicken nieder zur Erde ...«

Einziger Trost bleibt, dass der Jüngling in der Hyazinthe fortleben kann und so in jedem Frühjahr wieder auf der Erde erscheinen darf. Neben ihm blickt Adonis, der Geliebte der Aphrodite, auf die tödliche Hüftwunde, die ihm ein Eber zufügte. Adonisröschen und Anemone bewahren sein Andenken. Vor ihnen sitzen Krokus und Smilax, das unglückliche Liebespaar, das in Safran-Krokus und Ackerwinde verwandelt wurde. Narziss bewundert sein Spiegelbild in einem großen Wasserge-

6 Sandro Botticelli, *La Primavera – Der Frühling*, 1482, Florenz, Uffizien. Detail

7 Nicolas Poussin,
Das Reich der Flora, um 1630
Dresden, Staatliche Kunstsammlungen,
Gemäldegalerie

fäß, das ihm die Bergnymphe Echo hält. Ganz links stürzt sich Ajax in sein Schwert. Aus seinem Blut soll eine Schwertlilie entstanden sein. Poussin malte aber eine große Nelke, wie sie in dieser Form der Antike noch nicht bekannt war. Alle diese mythologischen Gestalten sind Besiegte ihrer unglücklichen Liebesabenteuer, die, jung verstorben, als schöne, aber schnell vergängliche Blumen wieder auferstehen: Sinnbilder für das Vergehen und Wiedererstehen.

Durch blühende Fluren darf die Blumengöttin Flora spazieren. Für die Fruchtbarkeit der Natur ist die Liebesgöttin, die griechische Aphrodite oder römische Venus, zuständig. Mit der Macht der Liebe hat sie es vermocht, die rauhe männliche Natur zu überwinden und Frieden zu stiften zwischen den größten Gegensätzen.

8 Piero di Cosimo, *Venus, Mars und Amor*, um 1505, Berlin, Gemäldegalerie. Staatliche Museen zu Berlin Preußischer Kulturbesitz

Zur Freude der Götter und der Menschen sorgt sie dafür, dass neues Leben entsteht und alle Saat aufgeht. Diese Gedanken werden versinnbildlicht durch den Triumph der Venus über den kriegerischen Mars. Beliebter Schauplatz der Darstellung des Sieges der Liebe über den Krieg ist eine blühende Wiese im Schutz und lieblichen Schatten eines Myrtenhaines, wie er der Venus heilig war (Abb. 8).

Seit Ende des 16. Jahrhunderts hat sich die europäische Pflanzenwelt verändert. Ab 1556 kommen aus dem Orient die Prachtzwiebeln, allen voran die Tulpe, die Europas Gärten so sehr verändern. Wenig später folgen die vielen Blumen aus der Neuen Welt. Die Botanik als Wissenschaft löst sich von der Medizin, der sie bisher unterstellt war. Unendlich viele Blumenbücher versuchen die vielen neuen Pflanzen vorzustellen (Abb. 9).

9 Girolamo Pini, *Zwiebelgewächse und einjährige Pflanzen*, 1614, Paris, Musée des Arts Decoratifs. Detail

Allegorisch wird dieser Ansturm der neuen Blütenfülle dadurch gelöst, dass Flora die Siegeskrone an Natura weitergibt, für deren Fähigkeit zu Wandel und Veränderung in Hunderte von ornamentalen Formen. Es kommt zu einer Interaktion zwischen antiken Mythen und den Veränderungen durch die neuen geographischen und wissenschaftlichen Entdeckungen. Der unglaubliche Erfolg, den die *Metamorphosen* des Ovid in diesen Jahren feiern, hängt wohl damit zusammen, dass sie als poetischer Versuch erscheinen, den Wechsel und die Veränderungen zu idealisieren. Auch der große Erfolg der Tulpe lässt sich auf deren besondere Fähigkeit zurückführen, Formen und Farben stark zu variieren. Es ist die Zeit der Reformation und Gegenreformation. Nach Meinung der Jesuiten sollen Charakter und Wünsche Gottes in seiner Schöpfung deutlich werden. Im großen Buch der Natur kann der Mensch den Willen Gottes erkennen. In jeder Blüte steckt eine verborgene Botschaft, die der aufmerksame Beobachter zu entziffern vermag. Die demütige Seele kann aus jeder Rose, Pfingstrose oder Akelei eine moralische Lehre ziehen. So verströmt zum Beispiel die Rose den süßen Duft der Tugend, die Sonnenblume zeigt, wie gut es ist, wenn sich das menschliche Handeln im Sinne des göttlichen Willens bewegt, die blaue Hyazinthe regt zur Meditation über Gott und den Himmel an, und die Kaiserkrone lässt die Nichtigkeit menschlicher Macht erkennen. Auch die Blumenstillleben wollen beim Betrachter eine innere moralische und religiöse Besinnung auslösen. Für heitere Gemüter offenbart sich in der Schönheit der Blumen die Güte Gottes. Ernstere Naturen, denen die Blumensymbolik vertraut war, können aus der Besinnung auf die geheime Bedeutung bestimmter Blumen meditative Erbauung schöpfen. Ob heiter oder melancholisch, die von den Blumenbildern vermittelten Botschaften entwickeln und verwandeln sich je nach dem Kontext der Kompositionen. Auffallend ist eine 1685 von Joseph

Werner d. J. gemalte Gouache mit einer versteinerten Flora, die einen Affen bekränzt. Vielleicht wollte der Maler die Blumensymbolik seiner Zeit als völlig erstarrt anprangern. Der Nachahmungstrieb des Affen wird mit der Haltung jener verglichen, die jeder Blume eine längst schon abgenutzte, sich endlos wiederholende Symbolik zumessen (Abb. 10).

10 Joseph Werner d. J.,
Flora bekränzt einen Affen, 1685
Gemäldegalerie. Staatliche Museen zu Berlin
Preußischer Kulturbesitz

Der Frühling ist immer mit dem Wiedererwachen der Natur und der Blumen verbunden. *Der Monat April* (Seite 19) zeigt eine junge Frau in ihrem Garten, umgeben von den Lieblingsblumen ihrer Zeit, Tulpen und Aurikeln. Dazu passt das Gedicht von John Clare:

Blumen, Ach Blumen, allein Euer Name,
bringt mir zur Winterstunde den Frühling
Und die Träume der Kindheit zurück.

Während im Hintergrund des Bildes noch ein symmetrisch angelegter Garten zu erkennen ist, proklamierte bereits um die Mitte des 18. Jahrhunderts Jean-Jacques Rousseau seine Naturtheorien und forderte einen Garten ohne Ordnung und Symmetrie, einen elysischen Ort, wo die Gartenblumen zwischen wilden Blumen wachsen dürfen. Selbst die Königin Marie Antoinette ließ sich von dieser Philosophie beeinflussen und schmückte ihre Gärten im Trianon bei Versailles mit Wiesenblumen. 1785 malte Gerard van Spaendonck für Ludwig XVI. einen Blumenstrauß. An der Opferszene für Eros, die auf dem Sockel zu sehen ist, sowie an der Zusammenstellung der Blumen im Strauß wird deutlich, dass es sich um eine Allegorie auf die Liebe handelt. Weit entfernt von den moralischen Lehren der Blumensträuße des Barockzeitalters stehen diese profanen Buketts im Dienste privater Herzensangelegenheiten (Abb. 11).

Strenger in seiner Symbolik ist Philipp Otto Runge, der 1809 sein Bild *Der große Morgen* malt. Der Tag als Gleichnis für Leben und Vergehen von Mensch und Natur ist das übergeordnete Thema des Bildes. Zur Unterstreichung seiner Aussage bedient sich der Maler der schon in der antiken Mythologie und in der christlichen Symbolik mit Venus, Iris, Aurora und Maria verbundenen Lilien, Rosen und Schwertlilien in ihren klassischen Farben weiß, rot und blau (Abb. 12).

1818 erschien in Frankreich ein Buch über die Sprache der Blumen. Dieses Lexikon der Blumensymbolik eröffnete seinen faszinierten Lesern eine neue Welt. Wichtigste Grundlage dieses Nachschlagewerkes war wie in den Jahrhunderten zuvor die klassische antike Literatur und die daraus erwachsene christliche Symbolik, aber auch und vor allem die wieder entdeckten Minnelieder und Liebesromane des Mittelalters und der Einfluss der gerade erst bekannt gewordenen Berichte über einen geheimen Blumencode orientalischer Haremsdamen, der unter dem Begriff »Selam« verbreitet wurde. Diese Grundlagen galten für alle in der »Alten Welt«

11 Gerard von Spaendonck,
Blumenstrauß auf antikem Sockel, 1785
Fontainebleau, Musée national du château

heimischen oder schon lange bekannten Blumen. Die vielen Blumen aus der »Neuen Welt« wurden mit neu erfundenen und meist wenig glaubhaften Bedeutungen versehen. In den Salons der bürgerlichen Gesellschaft spielte man mit diesen Symbolen und versuchte Gefühle auszudrücken oder auszulösen. Die Blume als »Herzensbote« wurde im 19. Jahrhundert sehr geschätzt.

Man träumte von den Zeiten ritterlicher Minne und treuer Liebe, die sich der süßlichen »Sprache der Blumen« bediente. Auf den Teppichen nach Entwürfen von William Morris ist diese Hinwendung zur mittelalterlichen Gedankenwelt und zur mystisch-religiösen Blumensymbolik gut zu erkennen (Abb. 13).

12 Philipp Otto Runge,
Der große Morgen, 1809
Hamburg, Hamburger Kunsthalle

13 William Morris,
Wandteppich mit Harfenspielerin,
1890, Privatsammlung

Ende des 19. Jahrhunderts begannen Maler ein neues Verhältnis zur Natur zu entwickeln. Blumenbilder, die von der unmittelbaren Naturbeobachtung leben, ersetzten nun die kombinierten Phantasiesträuße mit ihren vielen Bedeutungen und Zitaten. Um 1870 sagte Auguste Renoir: »Ich male Blumen und nenne sie einfach Blumen und sie müssen keine Geschichte erzählen.« Gleichzeitig zeigte Vincent van Gogh exemplarisch das strahlende Gelb der Sonnenblumen (Abb. 14).

Blumen spielten zu allen Zeiten eine wichtige Rolle, wenn Gefühle ausgedrückt werden sollten, wenn freudige oder traurige Botschaften zu überbringen waren. Ihr Duft weckt Erinnerungen, ihre Farben werden mit bestimmten Eigenschaften verbunden. Rote Rosen gelten seit Jahrhunderten als Zeichen von Liebe und Zuneigung, weiße Lilien vekörpern Unschuld und Reinheit, blaue Blumen versprechen Treue und Romantik. Wir sprechen »durch die Blume« oder sagen »unverblümt« unsere Meinung.

Die folgenden Seiten gewähren einen Einblick in die »Sprache« beliebter Blumen. Es wird von den verschiedenen Bedeutungen der Blüten erzählt und auch davon, wie sich diese im Laufe der Geschichte entwickelt und verändert haben. Nicht zuletzt soll das dem Leser helfen, den passenden Blumenstrauß für einen bestimmten Anlass zusammenzustellen.

14 Vincent van Gogh,
Vase mit Sonnenblumen (13 Blüten), 1888
München, Neue Pinakothek

Die Blumen

Peter Snijers, *Der Monat April,* 1727
Brüssel, Musées royaux des Beaux-Arts de Belgique

Die Autorinnen
Marina Heilmeyer MH
Susanne Weiss SW

Nähere Angaben
zu allen Abbildungen
auf den Seiten 90–93 und 96

Akelei

Aquilegia vulgaris

Zeichen für den Sieg des Lebens über den Tod, Symbol des Heiligen Geistes. Die geheimnisvollen Blüten der Akelei haben im Grundriss die Form eines regelmäßigen Fünfecks. Wer diese Fünferblüte zeichnen will, kann sich der Gesetzmäßigkeit des »Goldenen Schnittes« bedienen. Die Akelei scheint wie von gotischen Künstlern erfunden, mit dem zierlichen Geschnörkel ihrer einwärts gekrümmten Sporne. Künstlern und Mystikern der Gotik bot sie unendliche Möglichkeiten spiritueller, mathematischer und religiöser Deutungen. Das in ihr verborgene Pentagramm verlieh ihr den Ruf einer Pflanze mit antidämonischer Wirkung.

Die klösterlich mittel- oder spätlateinische Bezeichnung der Akelei als Aquilegia ist nicht eindeutig zu erklären. Der Name kann sich sowohl auf das althochdeutsche Aglei beziehen als auch auf das lateinische *aquila*, der Adler, weil die Sporne der Blüte wie Schnabel und Krallen des Adlers gekrümmt sind. Die Gestalt des Honigblatts der Akelei erinnert entfernt an eine Taube. Darauf spielt die englische Bezeichnung »Columbine Flower« an. Eine Formdeutung, die auch in dem in Süddeutschland geläufigen Namen »Tauberl-Blume« ausgedrückt ist.

So wurde die »Taubenblume« anstelle der Taube zum Symbol des Heiligen Geistes. Sieben Akeleiblüten stehen für seine sieben Gaben, für Weisheit (Sapientia), Verstand (Intellectus), Rat (Consilium), Stärke (Fortitudo), Wissenschaft (Scientia), Frömmigkeit (Pietas) und Furcht (Timor). Auch auf dem rechts abgebildeten Blumenbild der Rachel Ruysch kann man sieben Akeleiblüten zählen. Das Bild ist zwischen 1690 und 1730 entstanden, in einer Zeit des Wandels der Symbole vom Sakralen zum Profanen. Dennoch ist nicht auszuschließen, dass die Malerin dem kenntnisreichen Betrachter ein intellektuelles Spiel mit den Deutungen anbieten wollte.

Zwischen 1430 und 1580 erscheint die Akelei auf vielen Gemälden als Zeichen der Erlösung und des Triumphes des Lebens über den Tod. Sie ist die Blume des Heilands und auf Marienbildern wohl als Hinweis auf die kommende Erlösung durch den Kreuzestod Christi zu verstehen. Selbst auf Bildern vom Sündenfall im Paradies wächst sie zu Füßen Adams als Zeichen der Erlösung. Wenn auf Bildern vom Weltgericht Treppen in den Himmel führen, dann wächst hier die Akelei, als Vermittlerin zwischen irdisch-naturalistischer und himmlisch-geistiger Welt. Ihr dreigeteiltes Blatt wird als Zeichen der göttlichen Dreieinigkeit gedeutet.

Als Heil- und Gartenpflanze war die Akelei seit dem 12. Jahrhundert in den Burg- und Arzneipflanzengärten zu finden. Man nutzte sie als Aphrodisiakum und als Abwehrzauber gegen das gefürchtete »Nestelknüpfen«, einen bösen Zauber, der nach damaliger Vorstellung in der Lage war, die männlichen Kräfte zu zerstören. MH

Links: Blüte und Frucht einer Akelei, 1840
Rechts: Rachel Ruysch, *Blumen in einer Vase*, Anfang 18. Jh.

Anemone

Anemone coronaria

Sinnbild bedrohter Liebe, Symbol für Abschied und Vergänglichkeit. Ihr Name kommt vom griechischen anemos, der Wind. Mit dieser Bezeichnung wird umschrieben, dass sich die zarten Blüten nur im lauen Frühlingswind öffnen und die Dauer ihrer Blüte kurz ist wie ein Windhauch. Diese Eigenschaft ließ die Anemonen zu Symbolen der Vergänglichkeit werden. Die Heimat der schönen roten Blumen liegt im Nahen Orient. Seit prähistorischen Zeiten ist sie schon im gesamten Mittelmeerraum verbreitet. Die zarte und kurzlebige Schönheit der roten Blüten, die im Frühjahr die Wiesen Griechenlands bedecken, forderte eine mythologische Deutung geradezu heraus. So wurden die Blüten mit der Liebesgeschichte von Aphrodite und Adonis verbunden. Die ersten Boten des Frühlings galten nun auch als Symbol für Schmerz und Tod. Sie entstanden aus den Tränen der zärtlichen Aphrodite, die den Tod ihres geliebten Adonis beweinte, während die Adonisröschen, nahe Verwandte der Anemonen, aus dem Blute des jungen Adonis hervorgegangen sein sollen. Sie wurden auch als Zeichen der rasch verblühenden Jugend gedeutet. Die Anemonen oder Windblumen, die aus den Tränen Aphrodites entstanden waren, galten als Symbol rasch trocknender Frauentränen. Denn Aphrodite soll sich schon bald über den Tod des Adonis getröstet haben. Deshalb hat man die Anemonen auch als Sinnbilder bedrohter oder rasch vergehender Liebe verstanden. Der römische Naturwissenschaftler Plinius zählt die Anemonen zu den geeignetsten Blüten für die beliebten Blumenkränze. Er erwähnt auch ihren medizinischen Wert. So sollen sie bei Kopfschmerzen ebenso helfen wie bei Entzündungen und Schmerzen im Unterleib. Er unterstreicht ihre beinahe sakrale Bedeutung als erste Blumen des Jahres. Die allererste Blüte sollte man essen, um ein ganzes Jahr gegen Krankheit geschützt zu sein.

Die mittelalterliche Blumensprache nimmt die antike Bedeutung der Anemonen wieder auf und erklärt sie zum Sinnbild von Abschied, Schmerz und Tod. Die rote Farbe der Blüten sollte an Christi Opfertod und an den der Märtyrer erinnern. Eine meditative Betrachtung der Blüte sollte das Herz bereit machen, Botschaften des Heiligen Geistes zu empfangen. In der Renaissance wurde die Metamorphose des Jünglings in eine schöne Blume als Zeichen für die Kürze des menschlichen Lebens verstanden, während spätere Deutungen im raschen Verblühen der Anemonen ein Symbol der Vergänglichkeit alles Irdischen gesehen haben.

Die Anemone gehörte neben Nelke, Tulpe, Aurikel, Hyazinthe, Ranunkel und Primel zu den sieben wichtigsten Gartenblumen des 17. Jahrhunderts. In unendlichen Formen und Farbschattierungen herangezogen, war sie der Stolz aller Gärtner. MH

Links: Gartenanemone aus *Curtis Botanical Magazine*, 1791
Rechts: Jean-Michel Picart, *Blumen in einer Karaffe*, um 1650

Christrose

Helleborus niger und *Helleborus foetidus*

Schützt die Verliebten, Symbol für ein langes, erfülltes Leben. Die Christrose und ihre zahlreiche Verwandschaft sind mit den Römern nach Norden gewandert. Weil die Pflanze starken Niesreiz auslösen kann, wurde sie auch Nieswurz genannt. Wer ein Stück ihrer Wurzel bei sich trug, dem war ein langes Leben sicher und böse Geister und Seuchen waren gebannt. Auch Verlobte sollten zum Schutz vor bösen Einflüssen Wurzelstücke der Christrose bei sich tragen.

Bis ins 16. Jahrhundert glaubte man, dass pulverisierte und mit Zucker gemischte Nieswurz alte Leute wieder jung und kräftig machen würden. Blühte die Christrose pünktlich zur Weihnachtszeit, war ein fruchtbares Jahr zu erwarten. zwölf Knospen der Christrose, zur Zeit der Wintersonnenwende ins Wasser gestellt, sagten das Wetter der kommenden zwölf Monate voraus. Gerne wurde die Blume vor den Viehställen gepflanzt oder als getrockneter Blütenstrauß an die Stalltüren gehängt. So sollte sie die Tiere vor Seuchen bewahren.

Die Christrose galt als Symbol der Erlösung von der Angst und wurde so auch therapeutisch eingesetzt.

Wenn Eis und Schnee den Boden bedecken, zur Zeit der Wintersonnenwende und des Weihnachtsfestes, öffnet die Christrose ihre großen, weißen Blüten. Sie kündigt den Beginn eines neuen Jahreszeitenzyklus an, lange bevor die ersten Frühlingsboten blühen. Eine Pflanze, die ihre Blüten trotz Schnee und Eis öffnen kann, muss, so glaubte man, über magische Kräfte verfügen. Kräfte, von denen man hoffte, dass sie auch Mensch und Tier gegen Kälte und Krankheit schützen könnten. Man merkte bald, dass die wunderschönen, unschuldig weißen Blüten eine sehr giftige Pflanze mit pechschwarzer Wurzel schmückten. Darum nannten die griechischen Naturforscher sie »Helle-borus«, übersetzt: »das Leben wegnehmend«, denn ihr Genuss kann tödlich sein. In kleinen Mengen verabreicht, sollte sie Wahnsinn und Epilepsie heilen oder lindern, Manie und Melancholie positiv beeinflussen. In kleinen, wohl dosierten Mengen konnten die verschiedenen Arten der Helleborus-Familie als wirksames Brech- und Abführmittel eingesetzt werden. Man konnte mit dem in ihren Wurzeln enthaltenen Helleborin aber auch seine Feinde vergiften, wie dies von Attalus, dem König von Pergamon, berichtet wird. Allerdings musste beim Ausgraben der Wurzeln sehr achtsam vorgegangen werden, um die magischen Kräfte der Pflanze nicht gegen sich zu wenden.

In Vita Sackville-Wests berühmtem englischen Garten von Sissinghurst kamen die drei Arten der Christrose oder des Nieswurz, nämlich *Helleborus foetidus*, *Helleborus viridis* und *Helleborus niger*, wegen ihrer schönen Blätter und Blüten zu neuem gärtnerischem Ansehen und wurden zum Statussymbol raffinierter Gartenanlagen. MH

Links: Wurzelstock und Blüten des Stinkenden Nieswurz, 1828
Rechts: Curtis Botanical Magazine, *Helleborus niger*, 1787

Distel

Silybum marianum

Im Liebesreigen Gleichnis für »leichtes Hängenbleiben«, vertreibt die Schwermut. Die Disteln sind eine große, weitverzweigte und weltweit verbreitete Pflanzenfamilie. Trotz ihres äußerlich rauhen Aussehens sind viele ihrer Blätterbildungen und Blüten überaus reizvoll. Bienen und Vögel wissen das süße Aroma ihrer Blüten zu schätzen. Nach griechischer Sage schenkte Aphrodite einem schönen Jüngling namens Phaon eine Distelstaude. Dies sollte wohl als Gleichnis für leichtes »Hängenbleiben« wie an einer dornigen Distel verstanden werden. In deutschen Märchen sind die Disteln Symbole einer Liebe, die nicht nachlässt und trotz Schmerzen und Leiden immer noch wächst. Im 10. Jahrhundert bewahrte eine Distel Schottland vor dem Untergang durch die Normannen, denn sie stach einen leise anschleichenden Feind in den Fuß und sein Geschrei verriet den Angriff. Seitdem gab es den Distel-Orden mit seinem Wahlspruch: »Niemand reizt mich ungestraft«. Zur Wappenpflanze Schottlands wurde die Distel im 16. Jahrhundert. Englische Mädchen befragten im 19. Jahrhundert ein Distel-Orakel, wenn sie sich zwischen mehreren Bewerbern nicht entscheiden konnten. Dazu musste man die äußersten Triebe mehrerer Disteln abschneiden, jedem den Namen eines Bewunderers zuteilen und sie am Abend unter das Kopfkissen legen. Am nächsten Morgen zeigte der Trieb, der über Nacht ausgeschlagen hatte, den Namen des richtigen Mannes fürs Leben.

Dioscorides, der frühe Pflanzenforscher, meint: »Wer die Wurzel einer Distel bei sich trägt, der verscheucht alle Melancholie«. Diese Meinung hat sich über die Jahrtausende erhalten und die christliche Symbolik beeinflußt. Distelsud in Wein getrunken sollte alle überflüssige Melancholie des Menschen zerstören und ihn fröhlich machen. Die Melancholie macht furchtsam, traurig, verzweifelt und neidisch; die Religion aber lehrt uns, Gott zu dienen und seiner Vorsehung zu vertrauen.

Die Distel ist keine paradiesische Pflanze. Im Gegenteil, erst nach dem Sündenfall und der Vertreibung des ersten Menschenpaares aus dem Paradiesgarten sprach Gott zu Adam: »Verflucht sei der Acker um deinetwillen, mit Kummer sollst du dich darauf ernähren dein Leben lang; Dornen und Disteln soll er dir tragen, ...«. Seitdem lastet dieser Fluch auf den Disteln. Dem Volksglauben nach sind sie ein Geschenk des Teufels, eine Pflanze, die nur Mühe und Arbeit verursacht. Die Distel wird durch ihre Verbindung mit dem Sündenfall zur Erinnerung an die Erbsünde und zum Symbol der Erlösung durch die Passion Christi.

Schmetterlinge auf Disteln sind Zeichen der Auferstehung. Die aus ihren Puppen befreiten Tiere stehen für die erlösten Seelen der Menschen. MH

Links: Blütenstand und Wurzel einer Mariendistel, 1828
Rechts: Barbara R. Dietzsch, *Stachel-Eselsdistel mit Insekten*, o.D.

Erdbeere

Fragaria vesca

Symbol der Demut und Bescheidenheit, Blüten verkörpern die Keuschheit. Fraga vesca, die zart Duftenden, nannten Plinius und Virgil die Walderdbeeren. Erst in römischer Zeit werden sie erwähnt. Der Dichter Ovid beschreibt sie in seinen *Metamorphosen* als Früchte eines Goldenen Zeitalters, wo in paradiesischen Gärten alle Nahrung des Menschen mühelos wuchs und gedieh. Dies ließ sie auch für die nachfolgenden christlichen Naturerklärungen zu typischen Himmels- und Paradiesfrüchten werden. Auf alten Bildern sind sie häufig zu sehen. Gemeinsam mit Veilchen und Maßliebchen sind sie zu Füßen Mariä, Christi und der Heiligen zu finden, wo sie als Symbole der Demut und Bescheidenheit verstanden werden wollen. Das schön geformte, dreigeteilte Blatt wurde als ein besonderes himmlisches Zeichen verstanden und galt als Sinnbild der göttlichen Dreieinigkeit. Die weiße Blüte verkörperte Reinheit und Keuschheit, und ihre Blütezeit wurde in Zusammenhang mit der Verkündigung und Menschwerdung Christi gebracht. Die rote Frucht, die erste Frucht des Jahres, die keine Dornen, keine Schalen und keinen Kern hat, wurde zum Sinnbild des rechtschaffenen Menschen, der in Demut gute Taten vollbringt. Die in der Sonne reifende Frucht konnte als Symbol geistigen Wachstums gedeutet werden. Früchte sind Anspielungen auf Wollust und Erotik, auf Fruchtbarkeit und Überfluss gewesen, aber auch Früchte des Geistes, Früchte der guten Tat, Früchte des Herzens, der körperlichen und zugleich der spirituellen Liebe.

Es ist wieder dieses Spiel mit Symbolen, die ganz verschieden interpretiert werden können: im guten wie im bösen Sinne, im spirituellen wie im materiellen und manchmal beides zugleich. Ein intellektuelles Spiel mit Bedeutungen, die sich vom sakralen zum profanen Inhalt wandeln und zu Beginn des 19. Jahrhunderts nur noch märchenhaft gedeutet werden.

Frauen, die schon den Tod eines Kindes zu beklagen hatten, durften vor dem Johannistag, am 24. Juni, keine Erdbeeren essen, so hieß es in einer Legende. Denn an diesem Tag geht die Gottesmutter mit den gestorbenen Kindlein im Paradies zum Erdbeerpflücken und jene Kinder, deren Mütter schon Erdbeeren gegessen hatten, würden keine Früchte mehr bekommen.

Volksmedizin und Aberglaube sprachen den kleinen Pflanzen mit ihren weißen Blüten und roten Früchten dämonische Kräfte zu. Wer die ersten Blüten aß, der bekam das ganze Jahr über kein Fieber. Der Tee aus den Blättern sollte gegen Zauber und Hexenkunst helfen. Die Beeren wurden wegen ihres hohen Eisen- und Phosphorgehaltes bei Blutarmut und allgemeiner Schwäche empfohlen.

MH

Links: Erdbeerpflanze aus Versailles, 1787
Rechts: Adriaan Coorte, *Stilleben mit Früchten und Spargel*, 1703

Granatapfel

Punica granatum

Symbol für Vielfalt in der Einheit, aber auch für sinnliche Liebe und Leidenschaft, Zeugungskraft und Fruchtbarkeit. Nur wenig mehr als ein Tröpfchen Grenadine im Cocktail ist in der heutigen Zeit übrig geblieben von einem einst mächtigen Symbol. Einem Symbol für Vielfalt in der Einheit, für Unsterblichkeit und ewige Fruchtbarkeit. Vor allem aber ist der Lieblingsbaum der Aphrodite – der Sage nach von ihr zuerst auf Zypern gepflanzt – ein Bild für sinnliche Liebe und Leidenschaft. Das älteste Zeugnis dafür fand man auf einer mesopotamischen Kultvase aus dem vierten vorchristlichen Jahrtausend in einem Tempel, der der Astarte geweiht war, Vorläuferin der Isis, der Venus und auch der Aphrodite. Die Göttin der Liebe und der Verführung ist immer von Granatäpfeln begleitet, wie oft auch Hermes und der sinnenfreudige Dionysos. In Syrien hieß der Granatapfel wie der Gott der Sonne, der Gott der belebenden und zeugenden Kraft: Hadad Rimmon. Wenn er aufplatzt, enthüllt der »gekrönte Apfel« seine zahlreichen Kerne, Symbol für eine zahlreiche Nachkommenschaft und Zeichen für Hoffnung und Wiedergeburt.

Das mag der Grund sein, warum vornehme Tote im alten Ägypten Granatapfelblüten in ihren Blumenhalskragen trugen, wenn sie zur letzen Ruhe gebettet wurden, Blüten von scharlachner Röte – Blüten jedoch, die anders als die Frucht kaum Bedeutung erlangten. *Punica granatum*, der Punische Apfel, früh kultiviert in Ägypten und Palästina, gelangte im zweiten vorchristlichen Jahrhundert sogar bis nach China – früh genug, um eine reiche Symbolik zu entwickeln. Als Fruchtbarkeitssymbol durfte er bei keiner Hochzeit fehlen. Doch als so verführerisch galt seine Frucht, dass man ihn bei Opferzeremonien nicht verwenden durfte.

Eine umfassendere Art Heiligkeit genoss der Granatapfel in Judäa: Nur er durfte in das Allerheiligste gebracht werden, ja sogar die Bundeslade schmücken. Der heilige Apfel repräsentierte die Gesamtheit der Gebote Gottes, war Symbol des Gesetzes und schmückte das priesterliche Gewand. Der »Apfel der Äpfel« war nun nicht mehr ausschließlich Zeichen der sinnlichen Liebe, der Fruchtbarkeit und der Zeugungskraft, sondern auch Zeichen für geistige Potenz und schöpferische Gestaltungskraft. In der christlichen Symbolik ist das Zeichen der Liebe dann vollends seines sinnlichen Gehalts entkleidet und wird zum Symbol der Nächstenliebe. Die vielen Tugenden Mariä repräsentierte der Granatapfel, aber auch die Gemeinschaft der Gläubigen im Schutz der Kirche.

Die rote Farbe des punischen Apfels, assoziiert mit Blut, Liebe und Krieg, war auch die Farbe der Macht. Die Form der Frucht mit dem kronenförmigen Kelch machte ihn zu einem idealen Reichsapfel, und die maurischen Könige von Granada und Heinrich IV. von England (1367–1413) trugen ihn in ihrem Wappen. sw

Links: Blüte und Frucht des Granatapfelbaumes, 1828
Rechts: Jan Davidsz de Heem, *Früchte- und Blumenkartusche mit Weinglas*, 1651

Hyazinthe

Hyacinthus orientalis

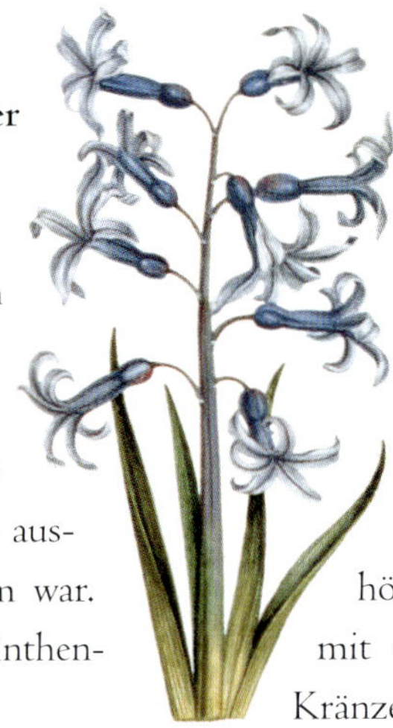

Sinnbild für das jährliche Wiedererwachen in der Natur, als Hochzeitsblume Zeichen der Treue. Die Hyazinthe zählt zur Gruppe jener Gartenblumen, die Mitte des 16. Jahrhunderts aus dem Orient nach Europa kamen. Ähnlich der Tulpe hat auch die Hyazinthe, die 1576 aus den Gärten des Serail in Konstantinopel kam, eine Welle manischer Begeisterung und Sammelleidenschaft ausgelöst, deren Zentrum das holländische Haarlem war. Hier wurden um 1600 die ersten gefüllten Hyazinthenblüten gezüchtet.

Der in der südlichen Türkei heimische *Hyacinthus orientalis* muss schon früh in den griechischen Gärten gewachsen sein. Jedenfalls wird er bei Homer als duftende Pflanze mit Blüten so blau wie Vogeleier beschrieben. Der Sage nach liebte Apollo den lieblichen Hyakinthos, einen aus Sparta stammenden Jüngling. Der schöne Knabe wurde auch von Zephyr, dem Frühlingswind, begehrt. Da der Windgott seine Neigung nicht erwidert sah, trieb er beim Diskuswerfen die Wurfscheibe Apollos gegen den Kopf des Hyakinthos, der auf der Stelle starb. Der delphische Gott konnte das Leben des Jünglings nicht mehr retten. Untröstlich über dessen frühen Tod, ließ er aus dem Blut seines Lieblings eine Blüte emporwachsen. So konnte Hyakinthos in Blumengestalt weiterleben und in jedem Frühling wieder auferstehen. Er versinnbildlichte damit das Sterben und Wiedererwachen der Natur. Wie das Veilchen und der Krokus wird auch die Hyazinthe aufgezählt, wenn es um die Ausstattung göttlicher Blumenwiesen geht. Zwiebeln und Wurzeln der Hyazinthe wurde nachgesagt, ihr Genuss zögere die Geschlechtsreife der Knaben hinaus und verhindere den Haarwuchs im Genitalbereich.

Wird die Hyazinthe bei Hochzeiten als Festschmuck verwendet, dann ist der Gott Hymeneus zuständig. Er bestreute das Brautlager des höchsten Götterpaaares auf dem Idagebirge in Kreta mit duftenden Krokus- und Hyazinthenblüten. Auch Kränze aus den Blüten der Hyazinthen wurden in seinem Auftrag gebunden. Nach antikem Vorbild waren in der Renaissance Hyazinthen häufig verwendete Hochzeitsblumen.

Die 1685 aus Frankreich nach Preußen geflüchteten Hugenotten brachten Zwiebeln der Hyazinthen mit und begannen hier einen blühenden Handel mit diesen Blumen, der um 1830 seinen Höhepunkt erreichte. Man experimentierte mit ihnen als »Wasserblume«, die ihre Wurzelfäden in dafür besonders erfundene Gläser hinabsenkt und oben vollendet schöne Blüten treibt. Allerdings ist ihr Duft von geradezu narkotischer Intensität. In der orientalischen Dichtung wird die Hyazinthe vielfach besungen und ihre Blütenformen mit den kraus geringelten Haarlocken der Geliebten verglichen: »… lieblicher denn Moschus ist ihr duftendes Hyazinthenhaar.« MH

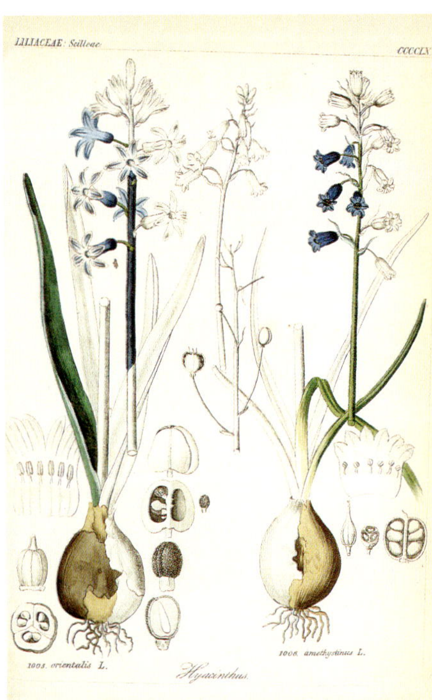

Links: Blüten und Zwiebeln der orientalischen Hyazinthe, 1845
Rechts: Daniel Seghers, *Blumengirlande mit Maria, Christus und dem Johannesknaben*, um 1645

Iris – Schwertlilie

Iris

Herrschafts- und Glaubenssymbol, aber auch Sinnbild für verschmähte Liebe. Den Gattungsnamen Iris bekamen diese Pflanzen im zweiten vorchristlichen Jahrhundert. Die in den Nuancen Blau, Violett, Gelb und Silberweiß schillernden Blütenblätter mögen der Anlass gewesen sein, die Blumen nach Iris, der Götterbotin, zu benennen, die über den Regenbogen geht, um ihre Nachrichten zu überbringen und den Himmel mit der Erde zu verbinden. Auch die Seelen verstorbener Frauen und Mädchen führte sie ins Jenseits. Darum wachsen noch heute Iris auf griechischen Frauengräbern. Kaum eine Pflanze hat über einen so langen Zeitraum eine so wichtige Rolle in der Blumensymbolik gespielt. Vom Ägypten des Neuen Reichs über Griechenland, das antike Rom, Mittelalter und Renaissance bis in unsere Tage war sie gleichermaßen Herrschafts- und Glaubenssymbol. Der auffallenden Blüten- und Blattform verdankt sie schon im antiken Griechenland ihren zweiten Namen als Schwert-Lilie. Nicht nur ihre bezaubernde Schönheit macht die Blüte so bedeutungsvoll, sondern auch ihre früh erkannte Heilkraft und die Duftstoffe, die in ihrem Wurzelstock verborgen sind. Seit der Antike wurde sie vielfältig genutzt und beschrieben. Hippokrates fand in der Wurzel ein Heilmittel gegen sexuelle Beschwerden, und zahnende Kinder bekommen noch heute ein Stück »Veilchenwurzel« zum schmerzstillenden Kauen gereicht. Die Blumensprache des 19. Jahrhunderts vorwegnehmend, bezeichnet im 5. Jahrhundert v. Chr. der griechische Dichter Anakreon die Blüten der Iris als Symbol des Schmerzes verschmähter Liebe. In ihren Blättern sahen die Griechen ein Sinnbild geschliffener Redekunst, ein »Schwert des Geistes«. Diese Interpretation taucht, leicht abgewandelt, Jahrhunderte später in der christlichen Symbolik wieder auf.

Zu den beliebtesten Kranzblumen im antiken Athen zählten neben Veilchen und Hyazinthen die Blüten der Iris. Auch diese Tradition setzt sich fort, und Jahrhunderte später lässt Dante die 24 Ältesten, die ihm im Fegefeuer das nahe Paradies verheißen, mit Blumenkronen aus Schwertlilien schmücken. Sie sollten die Reinheit der Lehre des Alten Testamentes versinnbildlichen und den reinen und hellen Glauben an den kommenden Messias. Florenz erkor sich die *Iris fiorentina* als Zeichen der blühenden Stadt, und in Frankreich wurde sie unter Chlodwig I. zur Wappenblume. Auf manchen Bildern, die Maria und den Verkündigungsengel Gabriel zeigen, tauchen neben der weißen Lilie, als Symbol der Reinheit der Gottesmutter, auch Iris-Blüten auf. Sie symbolisieren die göttliche Botschaft und die damit verbundenen Schmerzen, die wie ein Schwert ihre Seele durchdringen werden.

Aus der Wurzel geschnitzte Alraune sollen Mensch und Tier vor bösen Kräften und Zauberei schützen. MH

Links: Blüte und Wurzelstock einer Iris, 1828
Rechts: Jan Breughel d. Ä., *Kleiner Blumenstrauß mit einem Tongefäß*, um 1670

Jelängerjelieber – Geißblatt

Lonicera caprifolium

Steht für Dauer und Beständigkeit, aber auch für lang anhaltenden Genuss. »Der Stärke gefällt die Schwäche, und oft leihet die Letztere der Erstern ihre Anmuth«. Mit liebevoller Innigkeit hatte das junge Geißblatt seine geschmeidigen und zarten Zweige um den knotigen Stamm einer alten Eiche gerankt, berichtet einer der Autoren der zahlreichen kleinen Büchlein zur Blumensprache, die zu Beginn des 19. Jahrhunderts entstanden.

In der Blumensprache der Zeit bedeutete die Begegnung des Geißblattes mit der Eiche: So vereint die Liebe bisweilen ein schüchternes Landmädchen mit einem stolzen Krieger. Vielleicht sitzen die beiden dann während der Nacht in ihrer Liebeslaube, die ganz und gar von Geißblatt umrankt ist. Man hat es dorthin gepflanzt wegen seines betörenden, fast schwülen Duftes. Wenn die Nächte besonders warm sind, duftet auch das Geißblatt um so länger zur Freude der Liebenden: Jelängerjelieber heißt es wohl auch deshalb. »Solange das Geißblatt blüht«, wollte Lycinna mit ihrer Tochter Chloe bei Daphnis bleiben, der mit seiner Mutter in einer Geißblattlaube saß. Daphnis liebte Chloe innig, aber das Liebespaar wohnte weit voneinander entfernt und sah sich nur selten. Sein Gebet an die Liebesgöttin, das Geißblatt recht lang blühen zu lassen, ging in Erfüllung, und die Liebenden konnten länger beieinander bleiben.

Symbol für anhaltenden Genuss ist das Geißblatt schon im Mittelalter, aber auch für Dauer und Beständigkeit. Peter Paul Rubens malte sich und seine Braut Isabella Brant im Hochzeitsjahr 1609 vor einer Geißblattlaube – ganz in der Mode der Zeit.

In einem alten Volkslied ist das Jelängerjelieber aber auch ein Zeichen für Übermaß, das dem Menschen zum Unheil gereichen kann. Als »Gegengift«, Symbol für Mäßigkeit, wirkt das Maßliebchen:

Das Kraut je länger je lieber
An manchem Ende blüht;
Bringt oft ein heimlich Fieber,
Wer sich nit dafür hüt.
Ich hab' es wohl vernommen,
Was dieses Kraut vermag,
Doch kann man dem vorkommen:
Wer Maßlieb braucht all' Tag.

Linné benannte das Geißblatt nach dem Marburger Botaniker Adam Lonitzer (1528–1586) *Lonicera caprifolium*. Das mittellateinische Caprifolium (capra = Ziege; folium = Blatt) bezeichnete zunächst den Liguster. Doch weil die Blätter des Geißblatts wie die des Ligusters gern von Ziegen gefressen werden, ging der Name über auf die Rankpflanze. Andere Deutungen sehen eine Ähnlichkeit der Blätter mit einem Ziegenfuß. Und damit kann sie genau so geschickt klettern wie eine Geiß und die Lauben der Liebenden umranken. sw

Links: Blüten und Früchte von Jelängerjelieber, 1840
Rechts: Maria van Oosterwyck, *Blumen und Muscheln*, 1740

Jungfer im Grünen

Nigella damascena

Zeichen für die Ablehnung einer Liebeswerbung. An eine junge Frau mit aufgelöstem Haar fühlten sich die Alten erinnert beim Anblick dieser Blüte, umgeben von ihrer vielteiligen, zartgefiederten Hülle. »Jungfer im Grünen« oder »Braut im Haar« gehören zu den bekannteren populären Namen der *Nigella damascena*, deren lateinischer Name von der schwarzen Farbe ihrer Samen einerseits (*nigellus*, lat.: schwärzlich) und ihrer orientalischen Herkunft andererseits hergeleitet ist.

Zur Zeit, als es die Sitte war,
dass Jungfrauen gingen mit losem Haar,
Da nannte man das ›in Haaren gehn‹;
Daraus der Name ist leicht zu verstehn
Der Blume ›Braut in Haaren‹.

TROJAN

Wohl bekannt ist uns auch »Gretel im Busch«, obwohl es eigentlich eine traurige Geschichte ist. Sie erinnert an eine unglückliche junge Frau namens Grete, Tochter eines reichen Vaters. Ihr Geliebter Hans war ein armer Bauernsohn. Gretes Vater verbot ihr die Verbindung mit ihm. Sie schaute aus ihrem Garten so lange nach dem Geliebten, und auch Hans betrachtete sie innig und lang, bis sich beide in Blumen verwandelten: Hansel am Wege und Gretel im Busch.

In der christlichen Ikonographie ist Nigella die Blume der heiligen Katharina. Die Märtyrerin – verurteilt auf Befehl des Kaisers Maxentius – wurde häufig mit einem Rad oder der radförmigen Nigellablüte dargestellt: Sinnbild für das Rad, auf das man sie geflochten hatte. Daher heißt die Nigella auch St. Katharinenblume.

Auf dem Land wurde der Nigella-Samen, der »Schwarzkümmel«, in »Heilbrote« hineingebacken, vielleicht wegen seiner leicht krampflösenden Wirkung. Schon in der Antike wurde der schwarze Samen als Schmerz- und Beruhigungsmittel verwendet.

Nigella hat aber auch eine ganz andere Seite: Überreichte ein Mädchen einem jungen Mann eine Jungfer im Grünen, so bedeutete dies: »Schieb ab«. Der »Schabab«, der daraus hervorgeht, bezeichnet einen Verachteten, Verspotteten. »Gut gesell/ und du musst wandern/ Das megdlein liebet einen andern/ Welches ich geliebet hab/ Bey der bin ich schabab.« Zum Schabab gehörten Pflanzen, die in irgendeiner Weise für Menschen – im bäuerlichen Leben – unangenehm waren. Diese Blumen sandte man in einem verdeckten Korb an jemanden, den man abweisen wollte: Man bekam einen Korb. Nigella war also nicht nur ein Zeichen der Liebe, wenn auch der unglücklichen, sondern auch ein Symbol für die verschmähte Liebe. Und wo sie sich ungewollt verbreitete, galt die Jungfer als Ackerunkraut. In Gärten allerdings war sie seit dem 16. Jahrhundert eine beliebte Beetpflanze, einerlei ob heilig, verliebt oder mit offenem Haar. sw

Links: Blüte und Frucht der Jungfer im Grünen, 1840
Rechts: Osias Beert, *Blumenkorb*, um 1615

Kaiserkrone

Fritillaria imperialis

Die »Blume der feinen Leute« ist zugleich Zeichen von Trauer und Anteilnahme. Die Kaiserkrone ist eine Orientalin. Aus ihrer ursprünglichen Heimat im westlichen Himalaja war sie nach Westen gekommen und wurde in Persien schon lange kultiviert. Clusius hatte sie 1576 von Konstantinopel nach Wien gebracht. Er hielt sie in den königlichen Gärten von Leyden und nannte sie »persische Lilie«; manche Interpretationen sahen in der majestätischen Blume sogar die »Lilien auf dem Felde« der Bibel. Eine gewisse Affinität zu Höherem ist ihr wohl zu Eigen, war sie doch schon auf herodianischen Münzen abgebildet.

Nachdem die Kaiserkrone um 1570 bereits in der Türkei Aufsehen erregt hatte – hier wurden große Summen für ihre Kultivierung ausgegeben –, bildete sie alsbald auch den Hauptschmuck eleganter deutscher Gärten im 16. und 17. Jahrhundert. Man liebte das Kuriose und Ausgefallene – auch in der Malerei der alten holländischen Meister, in die sie ebenso Eingang fand wie in die Gärten. Den Pflanzort musste man jedoch mit Bedacht wählen – der Geruch der Fritillaria ist alles andere als betörend. Und schon damals gab es den Wettbewerb unter den Blumenliebhabern: Die Zahl der Glocken an den Kaiserkronen bestimmte das Prestige.

Den Namen gab ihr der Arzt des Herzogs von Toskana. Der schickte die Zeichnung einer Fritillaria an John de Brancion, der zum Clusius-Kreis gehörte, und nannte die majestätische Blume und ihre im Quirl stehenden Blüten, die von einem Blätterbüschel überragt werden, Corona Imperialis – kaiserliche Krone.

In der späteren botanischen Bezeichnung ist sie zwar kaiserlich geblieben, aber die Krone hat man ihr genommen und durch einen profanen Würfelbecher ersetzt: Fritillus.

Doch nicht nur im Namen erlitt die Stolze einen Verlust. Einst war nämlich die Kaiserkrone eine Bewohnerin des Paradieses. Zu dieser Zeit trug sie ihre Blüten noch aufrecht. Sie war so unermesslich schön, dass die anderen Blumen zu ihr aufsahen und sie bewunderten. Sie feierten sie und huldigten ihr. Das machte die Kaiserkrone hochmütig. Doch Gott strafte sie für ihren Stolz. Seitdem lässt die Kaiserkrone ihre Blütenblätter herabhängen, und sie beweint ihr betrübliches Schicksal.

Tatsächlich sondert die Fritillaria aus den herabhängenden Blüten eine große Menge Saft ab, die zu Boden tropft – die Blume weint. Nach einer anderen Sage fielen die Tränen, die Christus am Ölberg weinte, auf die Kaiserkrone und drückten ihre Blütenblätter herunter: ein Zeichen der Trauer.

Doch alles Weinen und auch der gebrochene Stolz half nicht: Die Kaiserkrone fand keinen Eingang in die Geschichten der einfachen Menschen. Sie blieb eine Blume der feinen Leute – im Orient wie im Okzident. sw

Links: Blüte einer Kaiserkrone, 1808
Rechts: Jan Breughel d. Ä., *Blumenstrauß*, nach 1607

Kamelie

Camellia japonica

Symbol der Freundschaft und des Strebens nach Harmonie, Ausdruck besonderer Eleganz. »Die Kamelie steht der Rose nahe, sie ist zart, klar und rein, oft ist sie voll von Pracht; aber sie hat für uns immer etwas Fremdes, sie steht mit einem gewissen vornehmen Anstand da: das Weiche, ich möchte den Ausdruck brauchen, das Süße der Rose hat sie nicht. Wir wollen von dem Geruche gar nicht reden«, so schreibt Adalbert Stifter 1857 über die Kamelie, die Modeblume seines Jahrhunderts. 1692 datiert die früheste europäische Beschreibung der Pflanze. Ihre Heimat ist Ostasien. Hier, unter dem Wendekreis des Krebses, wachsen die meisten der 250 Arten. 1739 hat der böhmische Missionar und Botaniker Georg Joseph Kamell die ersten beiden Kamelien nach Europa mitgebracht. Ihm zu Ehren heißen die Pflanzen *Camellia*. In Japan symbolisieren sie Freundschaft, Eleganz und Harmonie. Die Samurai sahen in den Blüten der *Camellia japonica* Sinnbilder des Todes und der Vergänglichkeit des Lebens. Im Jahre 1808 schenkten die Holländer der Kaiserin Joséphine, der ersten Frau Napoleons, ein weißes und ein rotes Kamelienbäumchen. Sie waren der Beginn einer kostbaren Kamelien-Sammlung im Schloß von Malmaison.

Obwohl die Blüten immer wieder als edle, aber kalte Schönheiten beschrieben wurden, waren sie doch die begehrtesten, beliebtesten und teuersten Blumen ihrer Zeit und führten zu manchen finanziellen Spekulationen. Noch gegen Ende des 18. Jahrhunderts war ein Brautstrauß aus Kamelien eine große Sensation, zwanzig Jahre später hatten sich viele Gärtnereien schon auf die Anzucht der asiatischen Exoten spezialisiert. In seinem berühmten Roman über die »Kameliendame« erzählt Alexandre Dumas fils vom Schicksal der Kurtisane Marguerite, die nie ohne einen Kamelienstrauß in Händen ins Theater oder auf Bälle ging. Fünfundzwanzig Tage lang trug sie einen Strauß weißer Kamelien und fünf Tage lang bestand der Strauß aus roten Kamelienblüten. Im Wechsel der Farben wurden sie zum diskreten Zeichen der Verfügbarkeit. Die ungeheure Popularität der Geschichte und das traurige Schicksal der Heldin haben sicher zum Kamelien-Boom des 19. Jahrhunderts beigetragen.

Unendliche Blütenmengen wurden nun benötigt. Kein Walzer ohne Kotillon-Bouquet aus Kamelienblüten, kein Kostümball ohne Damen, die sich als Kamelien verkleideten. Die Blüten wurden kurz abgeschnitten und auf Draht gebunden und schmückten so die riesigen Hüte oder wurden in großer Fülle auf die Kleider gesteckt. Die Eleganz der Blüte, ihre brillante Farbigkeit und die robuste Beständigkeit der Blätter machten die Kamelien zum idealen Festschmuck. MH

Links: Blüte und Staubgefäße einer Kamelie, 1787
Rechts: Ferdinand Waldmüller, *Geburtstagstisch*, 1840

Kornblume

Centaurea cyanus

Das Symbol der Himmelskönigin Maria wurde zum Sinnbild für Treue und Beständigkeit. Zum Schönsten, was Prinzessin Nes Chonsu trug, als sie zur letzten Ruhe gebettet wurde, gehörte eine Blumengirlande aus grünem Mimusops mit leuchtend blauen Blüten der orientalischen Kornblume. Mit Beginn des Neuen Reiches tauchte im alten Ägypten die Sitte auf, die Mumien der Verstorbenen mit Blumengewinden zu schmücken. Ein solcher mit Kornblumen durchwobener Kranz war einst Horus und Osiris als Zeichen des Sieges über die Götterfeinde überreicht worden. So enthielt auch einer der berühmten Blumenhalskragen des Pharao Tutanchamun Blüten der Orientalischen Kornblume.

Viel später in einem Land viel weiter nördlich war die Kornblume erneut in die Nähe eines Herrschers vorgedrungen. Kaiser Wilhelm I. erkor sie zu seinem persönlichen Symbol.

Die Kornblume (*Centaurea cyanus*) besticht vor allem durch ihre Farbe, ein reines klares Blau, wie es in der Natur nur selten vorkommt. Für den deutschen Kaiser war es der Inbegriff des »Preußisch-Blau«, in christlicher Lesart waren Kornblumen ein Zeichen der Himmelskönigin Maria. Daraus folgte in Mittelalter und Renaissance die Sitte, Maria mit einem Kornblumenkranz darzustellen. Blau ist die Treue, und als ein Zeichen für Treue und Beständigkeit waren Kornblumen überaus beliebt und wurden daher – insbesondere im 16. Jahrhundert – in großem Maße angepflanzt. Aber die Natur ist bisweilen ein wenig wechselhaft. Die Kornblume ändert ihre Blütenfarbe mitunter in Violett bis Weiß. Das untergrub ihren Ruf als Blume der Treue, und manchen galt sie als das Gegenteil – ein Symbol der Unbeständigkeit.

Das Bild von leuchtend blauen Kornblumen im Getreidefeld vergegenwärtigt eine alte Sage von ihrer Entstehung: Blumen von solcher Farbe konnten nur dem Himmel selbst entstammen. Der beklagte sich einst, dass die Getreidefelder ihm keine Gaben sandten, so wie die Blumen ihren Duft, die Bäume ihr Rauschen und die Vögel ihren Gesang. Doch da die Ähren nicht zu ihm hinauf konnten, beschloss er, zu ihnen herabzukommen und ließ wunderschöne blaue Blumen, Stücke von sich selbst, unter den Getreidehalmen wachsen. So kamen die Kornblumen zu ihrer Farbe und zu ihrem Namen.

Bei den Bauern war die Bewohnerin der Felder weniger beliebt, denn ihre Stängel machten die Sensen stumpf. Andererseits wurden ihr heilende Kräfte zugeschrieben. Mit der ersten Kornblumenblüte, die man fand, sollte man die Augen bestreichen, um sie zu stärken und vor Entzündungen zu schützen.

Schon Plinius überliefert eine Sage von der Heilkraft der blauen Blume. Dem Kentauren Chiron, Namensgeber der Gattung Centaurea und Lehrmeister des Asklepios, war eine giftige Wunde zugefügt worden. Chiron bedeckte die Wunde mit Kornblumen und war geheilt. sw

Links: Kornblumen, 1839
Rechts: Daniel Seghers, *Vase mit Blumen*, 1637

Krokus

Crocus vernus – Crocus sativus

Zeichen für himmlische Glückseligkeit, Inbegriff alles Lieblichen in Farbe, Geruch und Geschmack. Krokusse sind vielseitige Blumen, die Wiesen und Gärten sowohl im frühesten Frühjahr als auch ab September schmücken können, unter ihnen der Safran oder *Crocus sativus*.

Zu den Frühlingsblühern gehört der schöne goldgelbe Krokus, der auf dem 1620 entstandenen Bild im Blumenstrauß von Ambrosius Bosschaert steckt. Er ist 1597 als hoch gepriesene Besonderheit aus dem Orient nach Europa gekommen und hier in Kultur genommen worden. Seine Heimat ist die Nordküste des Schwarzen Meeres. Wegen seiner Schönheit wurde er, neben vielen anderen herrlichen Zwiebelgewächsen, in den Gärten des Sultans in Konstantinopel kultiviert. Er fällt durch seine besondere Leuchtkraft und die seltene Farbkombination aus Gelb, Violett und gebranntem Amber auf.

Sein berühmter Verwandter, der Safran oder *Crocus sativus*, blüht im Herbst überall auf den Bergen Griechenlands und Kleinasiens. Seine Farbe und sein intensiver Wohlgeruch erfreuten die Menschen seit uralten Zeiten. Neben Hyazinthe, Narzisse und Lilie wird er in den Mythen der griechischen Götterwelt erwähnt und wegen seines betäubenden Duftes mit der Vorstellung von Sinnestäuschung und Entrückung verbunden. Er galt als der Inbegriff alles Lieblichen in Farbe, Geruch und Geschmack. Wir können seinen genauen Abbildern bereits auf den frühesten erhaltenen Fresken der kretisch-minoischen Kulturen begegnen. Nach alten Sagen schmückte sich die Erde mit Krokus und Hyazinthen, um Zeus und Hera auf dem kretischen Berg Ida das Brautlager zu bereiten. Aurora, die Göttin der Morgenröte, breitet ihre safranfarbenen Schleier aus, wenn sie morgens am Himmel über dem Meer erscheint.

Auch in der Bibel wird vom Krokus erzählt, er gehört zu jenen Blumen, die im *Hohen Liede Salomons* genannt werden: »Du bist die Jungfrau, denn Du bist wohlriechend wie ein Krokus in Sharon«, ein Vergleich, den der christliche Glaube auf Maria überträgt. Die Araber brachten den Safran nach Spanien, die Kreuzfahrer aus dem Heiligen Land nach Nord- und Mitteleuropa. Wie so viele Blumen wurde er in der christlichen Lehre zum Zeichen der Auferstehung und der himmlischen Glückseligkeit. Die Bekenner des Glaubens wurden in ihrer Weisheit mit glänzenden Krokussen verglichen.

Seine ephemere Schönheit versuchte man in der Antike mit einer Sage über seine Entstehung zu erklären. Eine Verwandlungsgeschichte, die den Jüngling Krokos schildert, dessen Schönheit die Liebe der Nymphe Smilax erregt. Er aber bleibt kühl. Das kränkt die Liebegöttin Aphrodite, und sie verwandelt den unwilligen Jüngling in einen Krokus und die hübsche Smilax in eine Ackerwinde. MH

Links: Fünf verschiedene Krokussorten, 1690
Rechts: Ambrosius Bosschaert d. Ä., *Blumenstrauß*, 1620

Levkoje

Matthiola incana

Symbol des heiteren Lebens und eines friedlichen Daseins. Wie so viele andere Blumen hat auch die Levkoje ihren Ursprung in einer göttlichen Liebesgeschichte. Zeus war hingerissen von der wunderschönen Prinzessin Io. Doch Hera wurde sehr eifersüchtig, und so entschloss sich der verliebte Gott, Io zu verstecken. Er verwandelte sie in eine herrliche weiße Kuh, und um der armen Verwandelten ihr Dasein zu versüßen, sollte sie nach seinem Wunsch über Blumen wandeln. Gaia unterstützte seine Absicht und ließ überall blaue Veilchen sprießen. Im griechischen Namen des blauen Veilchens, Ion, erkennen wir Io. Und wir finden sie auch wieder im Leukoion, dem weißen Veilchen (*leukos*, gr.: weiß). Das aber ist die Levkoje, duftender Wandelgrund und Nahrung für die schöne Göttergeliebte. Indes streiten sich die Gelehrten bis heute darüber, ob vom Veilchen oder von der Levkoje die Rede ist – vielleicht war Zeus großzügig, und es waren beide.

Theophrast empfiehlt »das weiße Veilchen«, die Levkoje, als die erste Blume, die man nächst der Rose ihres würzigen Duftes wegen für Kranzgebinde wählen sollte. »Viola« ist bei den Römern beides, das Veilchen und die Levkoje. Hier stand sie jedoch bei einigen – den Dichtern Horaz und Martial beispielsweise – nicht in so hohem Ansehen wie bei den meisten Römern. Sie beklagten den Luxus, der mit Blumen getrieben wurde. Wo einst Nutzpflanzen wuchsen, existierten nur noch »duftende Violarien« und Levkojen, die alles überwucherten.

Auf den Burgen des Mittelalters war die Levkoje wieder sehr beliebt. Die Burgfrauen ließen sie in großer Menge in den Schlossgärten ziehen. Denn sie galten als Zeichen für dauernde Schönheit und sollen so gut gepflegt worden sein, dass einzelne Blüten die Größe kleiner Rosen erreichten. Doch der Levkoje erging es ebenso wie der Kornblume: Sie hatte um ihren guten Ruf zu kämpfen. Denn bisweilen wechselt sie die Blütenfarbe, was ihr den Namen »mutabilis« eintrug, die Wandelbare.

Dennoch erfreute sie sich – besonders in Italien – großer Beliebtheit in den Haus- und Klostergärten. Hier fand sie auch Verwendung als Osterblume »fior di pasqua«, vielleicht wegen ihres sehr reinen Weiß – zusammen mit Gelb die katholischen Osterfarben.

Den botanischen Namen *Matthiola* führt das »Weißveilchen« erst seit dem 18. Jahrhundert nach dem berühmten italienischen Botaniker und Kräuterbuchautor Mattioli aus dem 16. Jahrhundert.

Viel älter ist die große Zahl der »Volksnamen« der Levkoje: Levgoyen, Levkol, Lafgoe, Klaveier, Blafkonium – jede Gegend kannte einen anderen Namen. Doch in der Dichtung hatte sie immer dieselbe Bedeutung: Symbol des heiteren Lebens und des befriedeten Daseins. sw

Links: Weiße und violette Levkojen oder »Veilchenstengel«, 1613
Rechts: Jaques Linard, *Blumenstrauß*, Anfang 17. Jh.

Lilie

Lilium candidum

Sinnbild für die Reinheit des Herzens. Weiße Lilien sind imponierende Blumen, bis zu 1.50 m wachsen sie empor und tragen über unscheinbarem Laub herrliche, stark duftende Blüten. Wie ein Abglanz ungetrübten Lichts, ein Ausgleich aller Gegensätze zwischen Helligkeit und Finsternis, wurde ihr Weiß als Überwindung alles Irdischen aufgefasst. Darum wurde die Lilie mit der höchsten Reinheit des Herzens und dem Göttlichen in Verbindung gebracht.

Begonnen haben damit die Griechen, die erzählten, dass die weißen Lilien aus der Milch ihrer Göttermutter Hera entstanden seien. Hermes, der Götterbote, habe das Herakleskind der schlafenden Hera heimlich an die Brust gelegt, um ihm die Unsterblichkeit zu erschleichen. Das Kind saugte so heftig, dass Hera vor Schmerz erwachte und den Säugling von sich warf. Ihre Milch aber floss weiter, und es bildete sich im Himmel die Milchstraße und auf Erden wuchsen die Lilien aus den göttlichen Milchtropfen. Daher wurden die Lilien auch als »Rosen der Juno« bezeichnet. Lilie und Rose galten als die Herrscherinnen der Blumenwelt, erhaben und unnahbar die Lilie, weich und verführerisch die Rose.

Aphrodite waren die Lilien wegen ihrer demonstrativen Reinheit verhasst. Darum setzte sie ihnen den an den Phallus eines Esels erinnernden Stempel ein. Im Hohen Liede Salomons wird die Liebste »wie eine Lilie unter den Dornen« beschrieben. Das Christentum nimmt diese Vergleiche auf und erklärt die Lilie zum Symbol der »unbefleckten Empfängnis«. Auf sehr frühen Darstellungen der Verkündigung Mariens trägt der Engel Gabriel noch einen Olivenzweig als Friedenszeichen in Händen, aber schon bald wird daraus eine Lilie, manchmal in der Hand des Engels, manchmal in einer Vase vor Maria stehend. Betrachtet man die Bilder genauer, fällt auf, dass die Lilien fast immer ohne Stempel, manchmal gar ohne Staubgefäße dargestellt sind. Aphrodites Tat wurde geleugnet!

Die Lilie, Sinnbild der Reinheit Mariä, hielt Einzug in die Klostergärten und gehörte zu den 795 in der »Landgüterordnung« Karls des Großen neben Rose, Schwertlilie und Mohn für diese Gärten geforderten Blumen, die medizinisch genutzt wurden. Noch heute sind die weißen Lilien wichtige Blumen im Bauerngarten. Ihre Blüten schmückten Marienbilder und die Gräber der Toten als Zeichen der Auferstehung einer reinen Seele. Als Totenblumen sinnvoll waren sie auch wegen ihres starken Duftes. Es hieß, dass sie auf den Gräbern unschuldig Gestorbener am dritten Tage ganz von selbst zu wachsen beginnen. Erst auf den niederländischen Stilleben wagten es die Maler, die Lilien ein wenig zu verweltlichen und in üppige Blumenarrangements zu integrieren. MH

Links: Blüte und Zwiebel einer Madonnenlilie, 1845
Rechts: Balthasar van der Ast, *Stilleben mit Blumen und Früchten*, um 1640/50

Maiglöckchen

Convallaria majalis

Symbol für das Liebesglück und Zeichen für eine richtig und endgültig getroffene Entscheidung. Trügerisch ist das Maiglöckchen, sein bezaubernder Anblick täuscht darüber hinweg, dass die Pflanze giftig ist. Die Digitalis Glykoside, die sie enthält, werden in der Herzmedizin schon sehr lange verwendet. Blütenstiele oder Beeren des Maiglöckchens können schwere Vergiftungserscheinungen hervorrufen.

Aus den Blüten wurden Essenzen gewonnen, die den Grundstoff für das begehrte »Aqua aurea« lieferten, das Goldwasser, das als Heilmittel gegen viele Leiden galt und vor allem gegen die Folgen von Schlaganfällen wirksam sein sollte.

Seine Blütezeit ist am Namen abzulesen. Damit ist es im Blumenjahr betörender Mittler zwischen Veilchenduft und Rosenhauch. Die Nachtigall beginnt erst zu singen, so sagt man, wenn das erste Maiglöckchen blüht. In England und auf dem Kontinent zogen Jungen und Mädchen aus, um die Maiblumen zu suchen und zu pflücken. Das war stets willkommener Anlass, sich kennenzulernen und näherzukommen. Man feierte und tanzte, denn die Maiglöckchen standen im Ruf, Glück in der Liebe zu bringen.

Für das Maiglöckchen, eine Pflanze des nördlichen Europa, gab es keine lateinische oder griechische Bezeichnung. So gaben die pflanzenkundigen Mönche der mittelalterlichen Klöster der schönen Blume einen biblischen Namen und nannten sie Lilium convallium, die Lilie des Tales. Sie beschrieben damit einerseits ihre bevorzugten Standorte an Abhängen der Hügel und Berge und andererseits zitierten sie die ersten Verse im zweiten Kapitel des Hohen Liedes Salomons: »Ich bin eine Blume zu Sharon und eine Lilie im Tale«. Hier war zwar die große Lilie gemeint, aber die Klosterbrüder übertrugen das Bild des unschuldigen Liebreizes auf das einheimische, kleine Maiglöckchen.

So wurde es zur Marienblume, die sich auf vielen mittelalterlichen Gemälden zu Füßen oder in Händen der Gottesmutter findet. In der Folge nannte man es auch Maililie oder Marienträne und meinte, es sei aus den Tränen Mariens unter dem Kreuz entstanden.

Ursprünglich war es aber Ostara, der germanischen Frühlingsgöttin, geweiht. Ihr zu Ehren zündete man große Frühlingsfeuer an und warf als Opfergaben die Blüten der Maiglöckchen hinein. Gegensätze wie Religion und Heidentum, Gut und Böse oder tödliches Gift und heilende Kräfte waren Symbole für die rechte Wahl. Sie sind verschlüsselt in den mittelalterlichen Tafelbildern oder den späteren Blumenbildern enthalten. Allegorisch ist der Kampf zwischen den guten und den bösen Kräften dargestellt, wobei das Maiglöckchen immer auf die richtige Entscheidung hinweist.

MH

Links: Blüte und Frucht des Maiglöckchens, 1833

Rechts: Jacques de Gheyn, *Blumen in einem Glas (Römer)*, 1612

Malve

Althea officinalis

Symbol für Verzeihung und Vergebung, in der christlichen Bildsprache Zeichen der Heilung. Malven gehören zu den ältesten Kulturpflanzen der Menschheit. Zarte Blütenblätter der rosafarbenen Malven waren mit Rittersporn- und Akazienblüten filigrane Bestandteile ägyptischer Blumengirlanden.

Auf seiner Geburtsinsel Delos wurden dem Lichtgott Apollo alljährlich blühende und fruchtende Malvenzweige und Wurzelknollen der Asphodelos als Opfergaben auf den Altar gelegt. Sie sollten die Grundnahrung der Menschen symbolisieren, als die überall vorrätigen besten Helfer gegen Hunger und Durst. Von der armen Bevölkerung wurden sie als Nahrung verwendet. Ihre Samen galten als Aphrodisiaka. Auch Frauenleiden sollten durch sie geheilt werden. Malve und Asphodelos pflanzte man auf die Gräber, als Speise für die Schatten der Unterwelt.

Die Früchte der Malven sehen aus wie kleine Kuchen und haben einen angenehm süßlichen Geschmack. Wie die Blätter von Sauerklee und Sauerampfer oder die kleinen Blüten der Taubnesseln sammeln die Kinder sie gerne als spielerische Nahrung. Stängel und Blüten der Malven enthalten Stoffe, die Entzündungen heilen können, schleimlösend wirken und bei Augenleiden helfen.

In der Bibel wird erzählt, dass der greise Simeon mit Hilfe eines Extraktes aus der Malve seine Sehkraft zurückgewann und den jungen Christus noch im Tempel zu Jerusalem sehen konnte.

Wegen dieser Geschichte im Evangelium des Lukas wurden die Malven auch »Simeonswurz« genannt.

Nach Berichten des Dioscorides ist der griechische Name Althea vom griechischen althaino abgeleitet, was heilen bedeutet. Die Priesterinnen des Apoll sollen sich eine aus Malven bereitete Salbe auf die Fußsohlen gestrichen haben, ehe sie zu Ehren des Gottes über glühende Kohlen liefen.

Malven gehörten in den Zaubergarten der Hekate, einer weisen und heilkundigen Frau der griechischen Mythologie. Einige hundert Jahre später nahm sie Karl der Große als wichtige Arzneipflanze in seine Gartenordnung auf. Alle Teile der Malven lassen sich zu medizinischen Zwecken verwenden. Blüten und Blätter enthalten Zucker, Öl, Stärke und ätherische Öle. Ein Wurzelstück der Malve gab man früher zahnenden Kindern zum Kauen, um den Durchbruch der ersten Zähne zu erleichtern. Als besonders heilkräftig galten die Malven mit den tiefroten, fast schwarz wirkenden Blüten, wie sie auf botanischen Abbildungen oft zu sehen sind.

In der christlichen Symbollehre sind die Malven Zeichen der Heilung und damit Sinnbilder der Auferstehung. In der Blumensprache des 19. Jahrhunderts kann man mit Malven um Verzeihung bitten. MH

Links: Blütenstand einer Apotheker-Malve, 1828
Rechts: Rachel Ruysch, *Vase mit Blumen auf einem Gesims,* 1701

Maßliebchen – Gänseblümchen

Bellis perennis

Als volkstümliches Orakel Ratgeberin in Liebesangelegenheiten: »Sie liebt mich, sie liebt mich nicht…« Keine andere Blume wird mit so vielen Liebesnamen bezeichnet wie das »Maslieb«, das sich als einfache kleine Wiesenblume den Weg in die Herzen der Menschen erobert hat. Ein Liebling nicht so sehr der Gärtner, aber der Kinder und der Poeten. Die im 13. Jahrhundert als »Liebesblume« *flos amoris* oder »Sonnenbraut« *sponsa solis* bezeichnete Blüte wird im 15. Jahrhundert erstmals als »Liebesorakel« gepriesen. Dieses Zupf- und Fragespiel mit den Blättern wird seit jener Zeit eifrig betrieben. »Sie liebt mich, sie liebt mich nicht, von Herzen, mit Schmerzen, über alle Maßen, kann gar nicht von mir lassen, ein klein wenig oder gar nicht«. Diejenige dieser Fragen, die auf das zuletzt ausgerissene Blättchen fällt, soll das Maß der Liebe anzeigen.

Der Name »Maßliebchen« scheint aber weder vom Bemessen der Liebe durch Zählen der Blätter zu stammen noch vom »Maßhalten«, sondern vom keltischen Wort »Mas«, das Feld. Darauf bezieht sich auch die Bezeichnung »Gänseblümchen«, weil die Blume bei den Gänsen auf der Wiese steht.

Die kleine Blume wurde in Deutschland, aber auch in England früh zum Volksliebling. Der englische Dichter Geoffrey Chaucer nennt sie in seinem mittelalterlichen Englisch »E'e of daie« oder Auge des Tages. Daraus wurde »Day's eye« und im Laufe der Zeiten »Daisy«, der Herzens-Liebling. Die Franzosen nannten den weißen Blütenstern »Marguerite«, vom lateinischen margarita oder Perle abgeleitet, weil die aufgehenden Blüten wie Perlen aussehen. Zur Zeit der Troubadoure durften die Ritter dann eine *Bellis* in ihr Wappen zeichnen, wenn die Dame ihres Herzens ihr Flehen erhört hatte. Königinnen, die Margarete hießen, schmückten sich mit Blüten der *Bellis perennis*, der »Ewig Schönen«.

Den germanischen Göttinnen Freya und Ostara waren die Maßliebchen heilig, und Aphrodite wird in Antike und Renaissance mit ihnen in Verbindung gebracht.

Die christliche Lehre sieht in den Maßliebchen, die überall blühen, ein Symbol der Gottesmutter Maria und ihrer triumphierenden Liebe über alle Dinge. Seit dem 16. Jahrhundert sollen die Blumen die Verachtung aller irdischen Güter symbolisieren. In den Stundenbüchern wurde das kleine »Maslieb« als Sinnbild dafür abgebildet, dass eine tugendhafte Person selbst aus dem kleinsten Blümchen in Gottes Schöpfung eine nützliche Lehre ziehen könnte.

An den Blüten des Gänseblümchens lassen sich sehr genau die thermostatischen Bewegungen des Blütenstandes beobachten. Sie öffnen bei schönem Wetter morgens ihre Blütenkörbchen und schließen sie am Abend. MH

Links: Gänseblümchen, Pierre-Joseph Redouté, aus La Botanique von J.-J. Rousseau, Ausgabe von 1805
Rechts: Curtis Botanical Magazine, *Bellis perennis*, 1793

Mohn

Papaver rhoeas und *Papaver somniferum*

Als Zauberblume zwischen Gut und Böse Sinnbild für den Gegensatz zwischen oberflächlichem Genuss und bewusstem Leben. Himmlisches und Dämonisches, Fruchtbarkeit und Verderben, Schönheit und Tod sind in dieser Pflanze vereint. Diese gegensätzlichen Eigenschaften waren für die Stilllebenmaler und ihre Auftraggeber im 17. Jahrhundert sehr reizvoll. »Seht her, das Leben ist trügerisch, gebt nichts auf den äußeren Schein, lebt es auf die richtige Weise, lasst Euch von meiner kurzzeitigen Schönheit nicht allzu sehr bezaubern, in meinen Früchten lauern Vergessen und Tod« ruft die Mohnblüte dem aufmerksamen Betrachter zu. Auf dem Stilleben des Malers Jan de Heem bildet die weiße Nelke die Antithese zum roten Mohn, symbolisiert den Gegensatz zwischen einem unbewussten, den oberflächlichen Freuden hingegebenen Leben und einem bewussten Leben in der Nachfolge Christi.

In den sommerlichen Feldern blüht der rote Klatschmohn. Er braucht für seine Entwicklung kultivierte Erde und folgt deshalb der Urbarmachung der Böden durch den Menschen. In der Pflanzengemeinschaft von reifer Ähre und roter Mohnblüte sah das christliche Mittelalter ein Gleichnis von Brot und Blut, ein Symbol für das Messopfer und die Eucharistie und für die Passion Christi.

Der in Armenien und im Kaukasus heimische morgenländische Mohn (*Papaver orientale*) ist wegen seiner großen, brennend roten, schwarzgefleckten Blüten eine beliebte Gartenzierblume. Zwischen Schlafmohn und Klatschmohn wurde in der Ikonografie kein großer Unterschied gemacht.

Die griechische Mythologie verband den Schlafmohn, *Papaver somniferum*, entsprechend seinen unterschiedlichen Eigenschaften mit mehreren Göttern. Demeter, die Göttin der Fruchtbarkeit und der Ernte, schmückte sich ebenso mit Mohnblüten und Mohnfrüchten wie Morpheus, der Gott der Träume, und Hypnos, der Gott des Schlafes.

Jene Göttinnen, die mit Liebe und Fruchtbarkeit zu tun hatten, von Aphrodite bis Hera, trugen Mohnkapseln in Händen, deren unendliche Samenfülle das beste Symbol für Fruchtbarkeit und Reichtum war.

Alle Teile des Schlafmohns enthalten den weißen narkotischen Saft, der in den Früchten am reinsten enthalten ist. Abends müssen die unreifen Kapseln geritzt werden, damit am nächsten Morgen der wirkungsvolle Saft eingesammelt werden kann.

In England gelten Mohnblüten als nationales Zeichen der Erinnerung an die im Ersten Weltkrieg in den Mohnfeldern Flanderns gestorbenen Soldaten. Schon Homer beschreibt in der *Ilias* einen sterbenden Krieger, dessen Kopf wie eine Mohnblüte niedersinkt.

So begegnet uns der Mohn als eine Zauberpflanze zwischen Gut und Böse, Hell und Dunkel, zwischen Heilung und Vernichtung. MH

Links: Blüte und Fruchtstand des Schlafmohn, 1828
Rechts: Jan Davidsz de Heem, *Blumenstrauß in einer Glasvase*, um 1640

Myrte

Myrtus communis

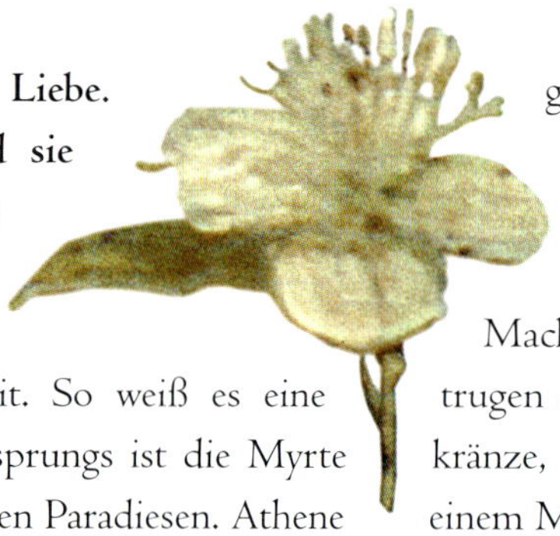

Symbol für Schönheit, Jugend und Liebe. Als Lieblingsblume der Venus wird sie zur »Blume der Braut«. Wegen seines köstlichen Duftes nahmen Adam und Eva bei der Vertreibung aus dem Paradies einen Myrtenzweig mit. So weiß es eine arabische Legende. Überirdischen Ursprungs ist die Myrte aber auch in anderen Ländern und deren Paradiesen. Athene tötete eine attische Nymphe namens Myrsine, die sich angemaßt hatte, mit der stolzen Göttin um Kampfesmut und Geschicklichkeit zu wetteifern. Doch beim Anblick der toten Nymphe wurde Athene von Trauer und Reue ergriffen. Aus Myrsines Leib ließ sie die Myrte sprießen, und die Tränen der Göttin machten deren Blätter immergrün.

In Griechenland gelangte die Myrte zu Ruhm und Ansehen. Doch von ihrer Schöpferin hat sie sich gelöst und ist zur heiligen Pflanze der Aphrodite von Paphos geworden. Denn dort war die Göttin der Liebe, ihre unverhüllte Schönheit hinter einem Myrtenstrauch verbergend, an Land gestiegen. Die immergrünen Blätter, die zierlichen weißen Blüten und der liebliche Duft machten die Myrte zum Symbol für Schönheit, Jugend und Liebe – zur Blume der Braut.

Die Myrte stand unter dem Schutz der Aphrodite – wie auch die Ehe. Auch Venus, die römische Fassung der Aphrodite, war die Herrin der Ehe. Römische Bräute steckten sich Myrtenzweige ins Haar, die Bräutigame hielten sie in der Hand. Doch prüde war die Myrte durch die Hochzeit nicht geworden: Auch für »verbotene« und »gesetzlose« Liebe war sie ein Zeichen, und bei manchen Veranstaltungen war es sogar verboten, sie zu tragen.

Zurück nach Griechenland. Als Zeichen der Macht und des Willens zu friedlichem Übereinkommen trugen die Mitglieder des athenischen Magistrats Myrtenkränze, und Anliegen an diese Versammlung wurden mit einem Myrtenzweig in der Hand vorgetragen.

Als in Athen 431 v. Chr. die Pest wütete, wurden auch Myrten im Pestfeuer verbrannt, um mit »heilbringenden Flammen« die Seuche zu besiegen.

Doch die Myrte hat auch eine Affinität zum Tod. Wer im Leben unglücklich liebte, wer durch heftige Leidenschaft sein Leben verloren hatte, der wandelte in der Unterwelt in einem Myrtenhain. So war die Myrte auch immer ein Zeichen der Liebe, die über den Tod hinaus währt. Und vielleicht war die Sitte, jungfräulich Verstorbenen Myrten ins Grab zu geben, eine Verheißung für Liebe in einer anderen Welt.

Im Christentum wurde dieser Brauch als heidnisch verboten. Auch wenn später die Kirchen zu hohen Festen mit Myrten geschmückt wurden, blieben sie als Brautschmuck verpönt. In Deutschland, wo man Rosmarin als Brautschmuck bevorzugte, traute sich erstmals 1583 eine Tochter aus dem Hause Fugger, zur Hochzeit mit einem Myrtenkranz zu erscheinen.

sw

Links: Blütenzweig und Früchte der Brautmyrte, 1840
Rechts: Piero di Cosimo, *Venus, Mars und Amor*, um 1505

Narzisse

Narcissus pseudonarcissus und *Narcissus poeticus*

Symbol des Todes, der Auferstehung und der Wiedergeburt. Sträuße gelber Osterglocken, botanisch *Narcissus pseudonarcissus*, schmücken in der Frühlingszeit unsere Zimmer. Den wunderschönen *Narcissus poeticus* mit seinen weißen Blütenblättern und der gelben Mitte, wie er in dem herrlichen Blumenstrauß von Roelant Savery vorgestellt wird, sollte man lieber nur im Garten bewundern, denn sein Duft ist tatsächlich betäubend. Die Griechen nannten ihn deshalb Narkissos und beschrieben mit dem Namen den narkotisierenden Duft dieser Blume, die der Unterwelt zugerechnet wurde.

Die Mythologie erzählt von Narkissos, einem schönen Jüngling, der die Liebe der Nymphe Echo nicht erwidern mochte. Für diese Grausamkeit wurde er bestraft. Als er sich im Wald über eine dunkle Quelle beugte, um seinen Durst zu löschen, sah er darin sein Spiegelbild und verliebte sich in sich selbst. Er beugte sich so tief zu seinem Ebenbild hinab, dass er schließlich ganz im Wasser versank. An dieser Stelle wuchs am feuchten Uferrand eine weiße Narzisse empor. Nymphen fanden anstatt des schönen Jünglings die liebliche Blume, und er selbst wird sich nun ewig im Fluss der Unterwelt spiegeln. So wurde die Narzisse zum Symbol der Selbstliebe und des Todes und gilt als eine den Unterirdischen geweihte Blume.

Dies ist auch aus der berühmten Blumenlese der Persephone, die im homerischen Hymnus auf Demeter geschildert wird, zu erfahren: »Die Demetertochter pflückte auf schwellender Wiese Rosen, Safran, schöne Veilchen, Iris, Hyazinthen und Narzissen, welche Gaia zum listigen Truge für das Mädchen, nach dem Auftrag des Zeus, dem Hades zu Gefallen hatte wachsen lassen, eine Blume wunderbar duftend und staunenswert anzusehen für Götter und Menschen, aus deren Wurzeln viele Blütenköpfe emporgesprosst waren; und ob des duftigen Wohlgeruches lachte der ganze weite Himmel in der Höhe und die ganze Erde und der salzige Wogenschwall des Meeres.«

Als Persephone die Blüte abpflückte, öffnete sich die Erde und Hades erschien, um sie als seine Frau in die Unterwelt zu holen. Seitdem trägt Hades einen Kranz aus Narzissen auf dem Haupt, und die Narzissen wurden zu Totenkränzen gewunden oder auf die Gräber gepflanzt.

Aus der griechisch-römischen Zeit in Ägypten sind solche Narzissenkränze in durchscheinender Feinheit erhalten. Auch in anderen Kulturkreisen ist die Narzisse mit dem Tod verbunden gewesen. So legte man Mumien aus pharaonischer Zeit Schalen von Narzissenzwiebeln auf Augen, Mund und Nase, und der Mumie Ramses' II. hat man solche um den Hals gelegt.

In der christlichen Religion galten die Narzissen seit dem Mittelalter als Zeichen für die Auferstehung Christi und die Verheißung des ewigen Lebens.

MH

Links: Zwiebel und Blüten einer Tazett-Narzisse, 1787
Rechts: Roelant Savery, *Blumenstrauß*, 1612

Nelke

Dianthus caryophyllus

Zeichen des Verlöbnisses, Symbol für Liebe und Mut. Sie war wohl Theophrast bekannt, aber ob die alten Griechen sie tatsächlich schon Dianthus nannten, göttliche Blume, ist ein wenig umstritten. Göttlichen Ursprungs mag sie sein. Artemis bestrafte den Hirten, der mit seiner Schalmei ihr Jagdwild vertrieben hatte, indem sie ihm die Augen ausriss. Von Reue ergriffen, ließ sie aus seinen Augensternen Blütensterne mit einer schwarzen Iris in der Mitte wachsen.

Der Sage nach hat Ludwig der Heilige von Frankreich 1270 die Stammart der Nelken in Afrika entdeckt, wo er erfolgreich seine an der Pest erkrankten Soldaten mit deren Saft behandeln ließ. So kamen die Nelken mit den Kreuzrittern nach Frankreich. Die Nelke ist »die« französische Blume. Der Große Condé beschäftigte sich während seiner Gefangenschaft in der Bastille mit der Nelkenzucht – später trugen seine Soldaten Nelken als Zeichen ihrer Tapferkeit. Den Bourbonen wurde sie fast so lieb wie die Lilie. Politisch wählerisch war die Nelke nicht. Die französischen Adligen trugen die rote Nelke im Knopfloch, wenn sie die Guillotine bestiegen. Napoleon wählte das Nelkenrot als Farbe des Bandes der Ehrenlegion, und die Nelke ist bis heute die Blume der Sozialisten und Sozialdemokraten. Die einfachen Leute liebten die Nelke als Symbol für Liebe und Mut. Nachdem sich in England die Snobs von ihr abgewandt hatten, galt sie dort als »Handwerkerblume«. Und auch in Deutschland ging sie unters Volk. In Frankreich hingegen blieben ihr alle treu, die Nelkenzucht blühte, und um 1840 entstand der heutige Dauerblüher.

In christlicher Lesart war die Nelke seit dem 13. Jahrhundert Marienblume, vor allem aber mit der Passion Christi verbunden – allerdings über einen Umweg. Der Name »Nelke« war im 15. Jahrhundert von der Gewürznelke auf die Gartennelke übergegangen. Das exotische Gewürz aber erinnert in seiner Form an Nägel, »Nägelin« oder »Nägelein« hieß es, daraus wurde »Nelke«. So geriet Dianthus auf zahlreiche Kreuzigungsszenen. Von den Gewürznelken, mit denen manche Dianthus-Arten den Duft teilen, ging außerdem der Ruf, aphrodisische Wirkung zu haben, auf die Nelke über. Und so war sie nun auch noch Symbol für Liebe, Fruchtbarkeit und Verlöbnis. Seit dem Mittelalter erblüht sie auf Brautbildern.

Doch auch Eitelkeit und Hochmut wurden mit der Nelke assoziiert, vielleicht, weil sie zunächst kostbar und selten war, Dichter aber besangen die Nelke als Zeichen der Freundschaft, weil sie bis in den Tod ihre Farbe behält. Bei so viel – häufig gegensätzlicher – Bedeutung ist es kein Wunder, dass die Nelke auch das Verdikt ertragen musste, eine Modeblume ohne tiefere Bedeutung zu sein. Anna Jarvis aus Philadelphia beeindruckte das nicht. Sie wählte 1907 die rosa Nelke als Zeichen des Muttertages. sw

Links: Blüten einer Gartennelke, 1840
Rechts: Jacob Marrel, *Blumengeschmückte Kartusche mit der Ansicht von Frankfurt,* 1651

Passionsblume

Passiflora coerulea

Als »Glaubensblume« Symbol der Leiden Christi, später Sinnbild für die Dichtkunst. In den Urwäldern Brasiliens und Perus ist die Passionsblume zu Hause. Ihr lateinischer Name setzt sich zusammen aus *passio* – Leiden und *flos* – Blume. Kaum eine andere Pflanze hat ihre Bedeutung und Sprache so aufgezwungen bekommen wie sie. In der gewaltigen tropischen Natur kletterte sie ahnungslos an den Baumriesen empor und entwickelte unendlich viele ihrer merkwürdigen und faszinierenden Blüten. Dann kamen im 16. Jahrhundert die spanischen Eroberer des Inkareiches, entdeckten diese Blüten und interpretierten sie als den »göttlichen Fingerzeig« für ihre verheerenden Eroberungsfeldzüge. Die Blume wurde zum Symbol, dass die Vernichtung der Inkakulturen durch göttliche Macht vorherbestimmt und sanktioniert wäre. Die unschuldige Pflanze wurde zum »blühenden Apostel« der Missionierung Südamerikas erklärt.

Spanische Mönche brachten sie 1568 zu Papst Pius V. nach Rom. Hier beschrieb sie 1633 der botanisch so kundige Autor herrlicher Blumenbücher, der Jesuit Giovanni Battista Ferrari, folgendermaßen: »Diese Blume ist ein Wunder für alle Zeiten, denn in dieselbe hat Gott mit eigener Hand das Leiden Christi gezeichnet; der äußere Kelch verlängert sich in Dornen und erinnert an die Dornenkrone, die Unschuld des Erlösers zeigt sich in der weißen Farbe der Blume, die geschlitzte Nektarkrone erinnert an seine zerrissenen Kleider, die in der Mitte der Blume befindliche Säule deutet die Säule an, an welche Christus gebunden wurde, der darauf stehende Fruchtknoten ist der in die Galle getauchte Schwamm, die drei Narben sind die drei Nägel, die fünf Randfäden die fünf Wunden, die dreilappigen Blätter die Lanze, die Ranken die Geißel.«

Dank ihres poetischen Zaubers konnte sich die Pflanze von dieser religiösen Symbolüberfrachtung wieder befreien. Als Emblem diente sie dem 1644 in Nürnberg gegründeten »Pegnitzer Blumenorden«, der die Dichtkunst und die deutsche Sprache fördern wollte. 1799 bis 1804 reiste Alexander von Humboldt durch Südamerika und berichtete begeistert von den Naturstandorten der »Glaubensblume« im tropischen Dschungel. So kamen die Passionsblumen zu neuen Ehren. Sie wuchsen in den Gärten der Kaiserin Joséphine in Paris und wurden in der in Mode gekommenen Blumensprache als Ausdruck von Glauben und Leiden, aber auch als Sinnbild paradiesischer Natur verstanden. Diese doppelte Bedeutung haben sie auch auf diesem Bild, wo sie das Grab der jung verstorbenen Julie d'Angennes überwuchern. Als Zeichen der Sehnsucht nach fernen Paradiesen der Natur rankten die Passionsblume an den Pergolen klassizistischer Gärten und zierten die Blumentapeten preußischer Schlösser. MH

Links: Blaue Passionsblume, 1787
Rechts: Jan Frans van Dael, *Das Grabmal der Julie*, 1803/04

FLOS IPSA IULIA SICUT
FLORES PERIIT

Pfingstrose

Paeonia officinalis

Als »Rose ohne Dornen« Sinnbild für die brennende Liebe zu Gott. Die gefüllte Pfingstrose ist eine der voluminösesten Blumen der europäischen Pflanzenwelt. Krönend erhebt sie ihre strahlend roten, kugelrunden Blüten über vielen Blumenbildern des 16. und 17. Jahrhunderts. Aus der Heilpflanzenecke der Klostergärten ist sie rasch in die Zier- und Bauerngärten gewandert.

In der Antike war sie dem Licht spendenden Gott Apollo zugeordnet, der sie an Paeon, den Arzt der Götter, weitergereicht hatte, dem sie ihren wissenschaftlichen Namen verdankt. Er soll die Heilkräfte ihrer Wurzeln und Samen erkannt und mit deren Hilfe sogar Hades, den Gott der Unterwelt, geheilt haben. Dämonisches und Lichtes verbindet sich in dieser Pflanze mit den leuchtenden Blüten und den heilkräftigen Wurzeln. An vielen ihr früh beigegebenen Namen lässt sich die Verbindung mit dem Mond und der Nacht ablesen. –So sollten ihre Wurzeln nur dann Heilkraft besitzen, wenn sie nachts und bei Mondschein ausgegraben worden waren. Tagsüber lauerte zudem der Specht, der jedem die Augen aushackte, der versuchte, eine Pfingstrosenwurzel auszustechen. Die hellroten Samenkörner wurden ebenfalls nachts gesammelt. Ein leichtes Leuchten, hervorgerufen durch die phosphoreszierenden Substanzen der Samen, vereinfachte diese nächtliche Suche, wurde aber auch als Zeichen besonderer Zauberkräfte verstanden.

Der deutsche Name »Pfingstrose« gibt nur die Zeit ihrer Blüte an, während andere im Mittelalter gebräuchliche Namen wie Gicht- oder Blutrose ihren medizinischen Wert bezeichnen. Da die Substanzen ihrer Wurzeln zu verstärkter Harnausscheidung führen, hilft sie tatsächlich gegen die Gicht und das in ihren Wurzeln enthaltene Alkaloid Peregrin hat blutreinigende Wirkung.

Die Wurzeln wurden als Amulette um den Hals getragen und sollten so vor Krankheiten schützen. Die glänzenden Samenkörner wurden zum Schutz vor Gespenstern und Krämpfen als Ketten um den Hals getragen. Als mystische Pflanze gehörte die Pfingstrose zum Blumenflor aller Darstellungen von Paradiesgärten. Ihre Heilkräfte, die in der Antike auf Apollo und Paeon zurückgeführt wurden, übertrug die christliche Symbollehre auf Christus. Als »Rose ohne Dornen« wurde die Pfingstrose eine der wichtigsten Blumen des Marienkultes, im Mai mit seinen vielen Festtagen stand sie zu Ehren der Gottesmutter als Altarschmuck zur Verfügung. Mit ihren roten Blüten waren die Pfingstrosen Sinnbilder einer brennenden Liebe zu Gott.

Im 18. Jahrhundert kamen mit der Chinamode auch die chinesischen Strauchpäonien nach Europa und machten der europäischen Pfingstrose große Konkurrenz. MH

Links: Blüte einer ungefüllten Pfingstrose, 1828
Rechts: Ambrosius Bosschaert d. Ä., *Blumenstrauß*, um 1610

Primel

Primula veris und *P. auricula*

Öffnet verschlossene Türen, Sinnbild für Freude und Zufriedenheit. Die gelben Himmelsschlüssel, die *Primula veris*, gehören in Mitteleuropa zu den ersten Frühlingsboten, die ein neues Blumenjahr »erschließen«.

In der lateinischen Bezeichnung Primula kommt dieses frühe Blühen zum Ausdruck: der kleine Erstling. In der Übersetzung erkennt man erst die liebevolle Namensgebung. Die keltischen Druiden mussten die ersten Primeln nüchtern und mit bloßen Füßen sammeln, denn nur so behielten die Pflanzen ihre Heilkräfte. In den Volksmärchen gilt die Schlüsselblume als geheimnisvolle Blume, die zu verborgenen Schätzen führt und den Schlüssel zu ungeöffneten Schlössern liefert. Sie soll dann große Zauberkraft haben, wenn sie sehr früh im Jahr erblüht.

Fand ein Mädchen noch vor dem Osterfest eine Schlüsselblume auf den Wiesen, so sollte sie noch im selben Jahr Braut werden.

In der christlichen Symbolik wird die Schlüsselblume seit dem 14. Jahrhundert als eine Licht spendende Weltblume beschrieben, die an der Straße der Gnade steht. Kommt ein Sünder an ihr vorbei, so hilft sie ihm voller Barmherzigkeit und rettet seine Seele. Maria wird als die Wurzel beschrieben, aus der die triumphierende Primel emporwächst, die den Schlüssel zum Himmel bereithält. Diese Interpretation machte die Primel zu einem Symbol der Auferstehung Christi.

Nach mittelalterlichen Vorstellungen tragen die Jungfrauen im Himmel aus Primeln gewundene Blütenkronen.

Ganz im Gegensatz dazu sieht William Shakespeare in der Primel ein Symbol der Frivolität und des gedankenlosen Vergnügens. Wer dem Weg der Primel folgt, der endet im ewigen Fegefeuer, so heißt es in *Macbeth*.

Englischen Gärtnern gelang im 17. Jahrhundert eine Kreuzung von *Primula veris* und *Primula auricula*, zwei in Europa heimischen Primelarten. Die bunten Gartenprimeln, die aus dieser Kreuzung entstanden, traten einen wahren Siegeszug durch die Gärten an. Ihre Farbpalette, weit gespannt wie bei kaum einer anderen Blume, reicht vom blassen Gelb bis zum dunkelsten Violett. Die kugelförmigen Blütenstände ließen sich wunderbar mit den grazilen Einzelblüten anderer Blumen kombinieren. Für die beliebten Aurikelblüten konstruierte man im frühen 18. Jahrhundert große Stellagen, auf denen alle Primeln in Töpfe übereinander aufgebaut wurden, um so die stolze Sammlung den Besuchern zeigen zu können. Nicht nur die Gartenbesitzer, auch die Maler begeisterten sich für die neue Blütenzüchtung und steckten die kugeligen Blüten der Aurikel in ihre Sträuße.

In der Blumensprache soll die Primel Zufriedenheit und Freude ausdrücken.

MH

Links: Duftende Schlüsselblume, 1840
Rechts: Jan van Huysum, *Blumenstrauß vor Parklandschaft*, um 1730

Ringelblume

Calendula officinalis

Sonnen- und Schicksalssymbol: Der Mensch folgt seinem Lebensweg wie die Blüte der Sonne. Sind die Blüten dieser im Mittelmeergebiet und im nördlichen Europa weit verbreiteten Pflanzenart morgens um sieben Uhr noch geschlossen, dann steht ein Regentag bevor. Diese Wettervorhersage ist zuverlässig.

Ihr lateinischer Name Calendula oder kleiner Kalender kommt von *calendae*, so nannten die Römer den ersten Tag des Monats. Der Name bezieht sich vielleicht auf die Möglichkeit, an dieser Blüte Wetter und Zeit ablesen zu können. Denn die Blütenköpfchen folgen dem Lauf der Sonne, weswegen die Ringelblumen auch »Sonnenbraut« genannt wurden.

»Gott grüß Dich Goldblume, Trost der Welt, du edle Magd, hilf uns, dass wir erlöst werden, Ave Maria«. So heißt es in einem niederländischen Kirchenlied des 14. Jahrhunderts, das die Ringelblume mit der Gottesmutter vergleicht, wie auch die englische Bezeichnung »Marygold« für Calendula deutlich macht, dass man den Ringelblumen eine besondere Beziehung zu Maria zuschrieb. Als Liebfrauenblume hatte sie damit ganz allgemein eine besondere Beziehung zu den Frauen. Einen Sud aus Ringelblumen sollten die Frauen trinken, wenn ihre Menstruation unregelmäßig war. Bei Geburten sollte ein Räucherwerk aus Blättern und Blüten der Calendula die Nachgeburt lösen.

Wie mit Maßliebchen und Margarite konnte man auch mit den Blütenblättern der Ringelblume ein Liebesorakel veranstalten. Ein Wurzelstück der Ringelblume, eingehüllt in ein violettes Stück Stoff, sollte wirksamer Liebeszauber sein.

Der deutsche Name Ringelblume bezieht sich auf die lustige Form der Früchte, die sich zu einem kleinen Ring zusammenziehen. Im Volksmund nannte man die Ringelblume auch »Mönchsköpfchen«, weil ihr Blütenkopf, waren die strahlenförmig angeordneten Blütenblätter einmal abgefallen, an die Tonsur der Mönche erinnerte.

Seit dem 12. Jahrhundert wurde die Ringelblume als Heilpflanze geschätzt und in allen Arzneipflanzen- und Bauerngärten angepflanzt. Die Apotheker hatten sie ständig vorrätig und verarbeiteten die Blüten zu Salben und Tees. Das streng riechende Kraut war lange Zeit als »Gilkenkraut« ein Volksmittel gegen Krebsleiden. Die kräftige gelbe Farbe nutzte man als Speisefarbe und als Ersatz für den sehr teuren Safran.

Die Blumensprache des 19. Jahrhunderts sieht in der Ringelblume ein strahlendes Sonnensymbol und ein Zeichen dafür, dass der Mensch seinem vorgeschriebenen Lebensweg folgt wie die Blüte der Sonne. Jedoch auch bei der Ringelblume gibt es eine diametral entgegengesetzte Bedeutung. Wegen ihres eigentümlichen Geruchs wird sie auch Totenblume genannt und als Friedhofsblume auf die Gräber gepflanzt. MH

Links: Blütenstand einer Ringelblume, 1832
Rechts: Ambrosius Bosschaert d. Ä., *Blumenstilleben*, 1614

Rose

Rosa gallica

Schönheit und Duft machen die »Königin der Blumen« zum Symbol für Liebe und Sinnenfreude. Entstand die Rose aus dem Lächeln Amors, fiel sie aus den Haaren Auroras, der Morgenröte, wurde sie geschaffen von der Muttergöttin Kybele aus Rache an Venus, deren Schönheit nur mit einer Rose beizukommen war, oder ist sie die Tochter des Taus?

Schönheit, Langlebigkeit und Duft machten die Rose zu einem Symbol für Liebe und Sinnenfreude – für das Leben selbst. Keine andere Blume hat so viel Verehrung erfahren, ist so üppig bedichtet worden wie die Königin der Blumen.

Auf Kleopatras Liebeslager waren die Kissen mit Rosenblättern gefüllt, und die Römer nutzten Rosen bei ihren ausgelassenen Festen als Girlanden und Kränze. Nero ließ bei seinen Gelagen Rosenblüten von der Decke regnen. Rosenbekränzt traten die Jünglinge vor den Rat der Alten – und rosenbekränzt zogen sie in die Schlacht. Eine der häufigsten Ideenverbindungen macht nämlich die Sagenumwobene auch zu einem Zeichen des Todes. Nach einer jüdischen Legende stammt die Farbe der roten Rose vom ersten Blut, das auf Erden vergossen wurde. Die wilde Rose der Germanen – der Freya heilig – war Zeichen für Unterwelt, Kampf und Tod. Das Schlachtfeld hieß Rosengarten, und meist begrub man die Toten darunter.

Den ersten Christen galt die Rose, Ausbund der luxuriösen Dekadenz der Römer, als verwerflich.

Doch die Rose und die Liebe zu ihr waren stärker. Man weihte die geheimnisvolle Blume – wie früher der Venus – nun der Maria und *Rosa Mystica* wurde Maria selber. Rote Rosen waren Sinnbild für ihre Schmerzen, die weißen Rosen Zeichen ihrer Freude, und gottgeweihte Jungfrauen trugen den Namen der Rose. Die Blume der Sinnenfreude war tugendhaft geworden, aber nicht ganz und gar: In Nîmes hießen noch im vorigen Jahrhundert die Huren »Rosen«. Und was man im Zeichen der Schönen tat, blieb bisweilen *sub rosa*, »unter der Rose«. Sei es als süßes Geheimnis, sei es als politische oder militärische Verschlusssache: Als die Griechen die entscheidende Schlacht gegen den Perserkönig Xerxes planten, taten sie dies streng geheim – in einer Rosenlaube – *sub rosa*. Im 16. und 17. Jahrhundert war es beliebt, Decken von Ratssälen und Versammlungsräumen mit Rosen zu bemalen.

Die Rose ist überall zwischen dem 20. und 70. Grad nördlicher Breite zu Hause. Man kannte sie in Indien, Konfuzius berichtete von Rosengärten in Peking, und Columbus fand sie in der Neuen Welt. Im 16. Jahrhundert wurde die Provenzalische Rose gelegentlich mit der Rose von Provins verwechselt, das aber ist *Rosa Gallica*, und die ist ein eingeboren mitteleuropäisches Gewächs. *Rosa gallica officinalis*, die Apothekerrose, wurde gegen Kopfschmerzen, Hysterie und etliche andere Leiden eingesetzt. sw

Links: Essig- oder Provins-Rose, 1828
Rechts: Antoine Berjon, *Stilleben mit Blumen, Muscheln, einem Haikopf und Versteinerungen*, 1819

Rosmarin

Rosmarinus officinalis

Sein Duft stimmt die Götter milde, als Zeichen unwandelbarer Treue beliebter Brautschmuck. *Ros marinus* lässt das Meer anklingen: Diesen poetischen Namen erhielt der Rosmarin vielleicht wegen seiner himmelblauen Blüten, welche die bald zwei Meter hohen Büsche im Frühling überziehen, vielleicht aber auch, weil er den Seeleuten des Mittelmeeres den Weg nach Hause wies. Noch bevor sie Land sehen konnten, wehte der würzige Duft des Rosmarin vom Ufer her zu ihren Schiffen. Der Meertau (*ros*, lat.: Tau) war ein Geschenk der Aphrodite, der schaumgeborenen Göttin der Liebe und der Schönheit, die einst dem Meer entstiegen war.

Zum Dank für empfangene Wohltaten wurde Rosmarin zusammen mit anderen wohlriechenden Kräutern auf den Altären verbrannt. Mit Duft konnte man zürnende Götter milde stimmen. Als Heilpflanze stand der Rosmarin im Ruf, die Gelbsucht zu vertreiben. Das glaubte auch Dioskorides, der berühmte griechische Arzt und Pharmakologe (1. Jh. n. Chr.). Viel größere Bedeutung erlangte der Rosmarin jedoch als Kranzblume. Blumenkränze, eine Erfindung des Weingottes Dionysos, waren wichtige Bestandteile kultischer Handlungen. Zunächst waren sie den Göttern vorbehalten. Später erlaubten die Priester auch den einfachen Andächtigen diese Zierde, sogar das arme Vieh auf den Opfertischen ging blumenbekränzt ins Jenseits.

Als Geschenk der Aphrodite war der immergrüne, hocharomatische Rosmarin mit der Liebe assoziiert. Er stand aber auch in dem Ruf, ganz vorzüglich das Gedächtnis zu stützen. Folgerichtig erscheint so die Sitte, dass die jungen Frauen ihren Geliebten ein Zweiglein Rosmarin mit zur Erinnerung auf den Weg gaben. »... da ist Rosmarin, das ist zur Erinnerung/ ich fleh' Euch an, liebes Herz, gedenket mein«, mahnt auch Hamlet. Schon die Römer wussten um diese Eigenschaften des Meertaus, und ihrer Ansicht nach konnte er die Gedanken beflügeln und das Selbstgefühl stärken. Die tatsächlich belebende und zugleich lösende Wirkung des Rosmarin ist hinlänglich bekannt. Nur träumen darf man nicht vom Rosmarin, denn das bedeutet den Tod des Geliebten:

»Ich hab die Nacht geträumet/ wohl einen schweren Traum/ es wuchs in meinem Garten/ ein Rosmarienbaum.« Wie viele stark dem Leben zugewandte Pflanzen ist der Rosmarin auch mit dem Tod verbunden, allerdings im Zeichen der Hoffnung auf eine Wiederkehr.

Doch zurück zu Liebe und gutem Gedächtnis: Als Symbol unwandelbarer Treue durfte Rosmarin bei keiner Hochzeit fehlen. Besonders in Deutschland war der Rosmarin ein bevorzugter Brautschmuck. Und als Anne of Cleaves die vierte Frau Heinrichs VIII. wurde, trug sie eine ganze Krone aus Rosmarin. »Der Brautkranz gewunden aus Rosmarin, erhält die Liebe ewig grün«. sw

Links: Blütenstand des Rosmarin, 1840
Rechts: Isaak Soreau (?), *Stilleben mit Früchten, Weinglas und Blumenvase*, um 1620

Sonnenblume

Helianthus annuus

Vom Herrschersymbol zum Sinnbild für die Bewahrung der Schöpfung. Die Sonnenblume ist eine Amerikanerin; zwischen Nord-Mexiko und Süd-Kanada ist sie zu Hause. Schon 3000 Jahre v. Chr. wurde sie von indianischen Völkern genutzt – von der Wildart bereits zur Kulturpflanze weiterentwickelt. Sie war eine wichtige Nutzpflanze für Nahrung, Heilkunde und Kosmetik. Die majestätische Staude war aber auch eine heilige Pflanze, Attribut von Sonne und Sonnengott. Bei religiösen Festen in Peru trugen die jungen Frauen Kränze und Sträuße von Helianthus und sogar Helianthusbrustplatten aus reinem Gold.

Als die Eroberer in die Neue Welt kamen, verschwand mit der Zerstörung der Kulturen auch das Wissen von der Bedeutung und vom Nutzen der Sonnenblume. Erst im letzten Viertel des 19. Jahrhunderts wurde sie als Ölpflanze von russischen Auswanderern zurück nach Amerika gebracht.

1569 kam die »Sonnenkrone« oder »Indianische Goldblume« nach Spanien, wo sie bald ganze Landstriche gelb färbte. Ins übrige Europa drang sie langsam vor – zuerst als Zierpflanze. Im 17. Jahrhundert begann man, Sonnenblumenkerne ins Brot zu backen und geröstet als Kaffee-Ersatz zu verwenden. Die Ölgewinnung aus Sonnenblumenkernen hingegen blieb in Europa bis zum Beginn des 19. Jahrhunderts fast unbekannt.

Die Sonnenblume trägt ihren Namen wegen ihrer Gestalt, der Form ihrer Blüte und wegen einer besonders ausgeprägten Eigenschaft: ihrem Heliotropismus. Vom frühen Jugendstadium an dreht sie sich mit der Sonne, und mit Erreichen der Hauptblüte bleibt sie ganz nach Osten – nach Sonnenaufgang – gerichtet.

Zu Beginn des 17. Jahrhunderts fehlte die Sonnenblume noch auf den Blumenstücken der großen Meister. Doch nach und nach findet sie Eingang in die Bildsprache und entwickelt eine Symbolik im Bereich zwischen Herrscher und Beherrschten: Sie ist Bild des Herrschers und der Loyalität zu ihm, sie ist ein Zeichen für Stolz; in England bezeichnet sie die Abhängigkeit zwischen König und Volk, in christlicher Ikonologie ist sie Sinnbild der Ergebenheit gegenüber der katholischen Kirche. In der flämischen Dichtung aber wird die Sonnenblume Symbol für die Kunst des Malens selbst, einer Kunst, die ihre Inspiration aus der Natur erhält und gleichzeitig deren Schönheit imitiert.

Im 18. Jahrhundert verliert die Sonnenblume in der Kunst an Bedeutung. Erst Vincent van Gogh, der sie als eigenständiges Motiv etabliert, macht sie wieder populär. So wurde sie zur Lieblingsblume einer Generation von Malern. Wie keine andere Blume verkörpert die Sonnenblume natürliche Vitalität und die Nähe zur befreiten Natur. sw

Links: Blüte und Staubgefäße einer Sonnenblume, 1840
Rechts: Jan Davidsz de Heem, *Früchte- und Blumenkartusche mit Weinglas*, 1651

Stiefmütterchen

Viola tricolor

Symbol der heiß entbrannten Liebe, als »Dreifaltigkeitsblume« Zeichen der göttlichen Dreiheit. Das Stiefmütterchen ist mit seinen dreifarbigen Blüten eine der geheimnisvollsten Blumen. Man nannte es auch Dreifaltigkeitsblume oder Freysamkraut. Nach christlicher Symbolik war ein von einem Strahlenkranz umgebenes Auge ein Zeichen der göttlichen Dreiheit. Dies glaubte man in der Blüte des Stiefmütterchens zu erkennen und nannte es darum auch Dreifaltigkeitsblume. Auf die Heilige Dreieinigkeit schienen auch die drei Farben der Blüte hinzuweisen. Wild wachsende Stiefmütterchen haben meist gelb, weiß und blau gefärbte Blütenblätter. Die Bezeichnung Stiefmütterchen wird so erklärt: Die Stiefmutter ist das untere, breite Blütenblatt, das am schönsten gefärbt ist. Die Stiefmutter hat sich also das schönste Kleid angezogen und sich selbstsüchtig auf die zwei grünen Kelchblätter wie auf zwei Stühle gesetzt. Zu beiden Seiten neben ihr sitzen ihre eigenen Töchter, in bunten Kleidern und jede auf einem eigenen Stuhl, während sich die beiden Stiefkinder zu zweit mit einem, dem kleinsten Stuhl zufrieden geben müssen und nur dunkle Kleider tragen dürfen. Der Vater hat aus Ärger einen weißen Kopf bekommen, er steckt seine Beine tief in den Fußsack und kann nur herauskommen, wenn alle ausgegangen sind, das heißt, wenn man alle bunten Blättchen abgezupft hat.

Dem Stiefmütterchen werden seit alter Zeit besondere Kräfte zugesprochen. In Shakespeares *Sommernachtstraum* träufelt Oberon der schlafenden Titania Stiefmütterchensaft auf die Lider. So wird sie sich in das erste Wesen verlieben, das sie beim Erwachen sehen wird. Oberon wollte selbst dieses Wesen sein, aber, wie man weiß, war es ein Esel, der gerade vorbeikam und viel Verwirrung stiftete.

Das Dreifaltigkeitsblümchen galt als ein Zeichen der Treue. Verlobte schenkten sich gegenseitig ihre Konterfeis, umrahmt von den Blüten der Stiefmütterchen, und in keinem Poesiealbum fehlten seine Blüten.

Kaum eine Blume hat sich aus einem unscheinbaren Ackerunkraut zu einer solchen Blütenpracht entwickelt wie das Stiefmütterchen. Ab 1810 war es die Modeblume in England, und ein Züchter versuchte den anderen zu übertrumpfen. In den englischen Gärten wurde es in unendlichen Variationen herangezogen. Seine ursprünglich eher längliche und schmale Blütenform ist im Laufe der Jahrhunderte fast rund geworden.

Am ersten Sonntag nach Pfingsten, dem Dreifaltigkeitssonntag, trug man die Blumen zur Weihe in die Kirche.

Der Name Tag- und Nachtschatten bezieht sich darauf, dass beim Stiefmütterchen helle und dunkle Farben ohne Übergang nebeneinander stehen.

Als medizinischer Teeaufguss wird das Kraut der Pflanze seit dem Mittelalter gegen Epilepsie und Krämpfe verordnet. Außerdem sollten die Säfte des Stiefmütterchens das Blut reinigen und das Gedächtnis schärfen. MH

Links: Blütenstände wilder Stiefmütterchen, 1828
Rechts: Henri Fantin-Latour, *Stilleben mit Stiefmütterchen*, 1874

Tulpe

Tulipa gesneriana

Sinnbild für Wohlstand und Reichtum, aber auch die Vergänglichkeit alles Irdischen. Die Tulpe ist eine Perserin, und so war es Hafis (1327–1390), der große persische Dichter, der sie als Erster besang: »Seht, o seht die Tulpenstengel,/ Diese frechen Ketzerlein, Heben ihre bunten Becher/ Und begehren Trank und Wein.«

In ihrem Land war die Tulpe das Zeichen für eine Liebeserklärung. Der Sage nach war sie – wie so viele Blumen – aus einem Blutstropfen entstanden: »Und wo die Tulpe folgt dem jungen Lenz, den roten Kelch erhebt, da starb Ferhad aus Liebe zu Schirin und färbte rot die Wüste mit seines Herzens Tränen.«

Gerade aufgerichtet ist ihr Wuchs, daher galt die Tulpe als Blume der Sonne. Sie blüht der Sonne entgegen und sie schließt sich bei ihrem Untergang. Aber darüber hinaus ist die Tulpe keine Freundin der Mythologie. Sie war wohl immer eher den irdischen Dingen zugeneigt: Schon kurz nach ihrer Einführung in der Türkei erzielte sie höchste Preise. Schließlich wurde sie sogar Wappenblume der türkischen Sultane aus dem Hause Osman. Im 18. Jahrhundert erlebte die Verehrung der Tulpe in der Türkei einen schwärmerischen und luxuriösen Höhepunkt mit den alljährlich stattfindenden üppigen Tulpenfesten in den Gärten des Sultans. »Traum der Glückseligkeit«, »Geheimnis des Ewigen« oder »Elixier der Liebe« hießen die schönsten Sorten, kultiviert für die feudale Prachtentfaltung.

Anders war es in den Niederlanden. Reichtum und Ruin lagen nah beieinander in der Zeit, als die Holländer der Tulpenwahn erfasst hatte. Mit Ghiselin de Busbecq, dem österreichischen Gesandten am Hofe Süleymans des Prächtigen, gelangte die Tulpe 1554 nach Wien. Der Name der Tulpe verdankte sich allerdings einem Missverständnis. »Tülbend« hielt der noble Mann für den türkischen Namen der schönen Blume. Doch in Wahrheit war es das rote Turbantuch der Türken, mit dem die Blüten in Form und Farbe verglichen wurden. In der Türkei selbst trägt die Blume ihren persischen Namen: »lalé«.

Ab 1593 kamen die Tulpen mit Händlern und Gelehrten nach Holland. Ganze Häuser und Schiffsladungen wechselten für ein paar Zwiebeln den Besitzer und als Zeichen von Wohlstand war »Tülbend« auf Rembrandts berühmten Flora-Darstellungen zu sehen. Als die holländische Regierung 1637 die Tulpenpreise gesetzlich festschrieb, brachen die Märkte zusammen. So verwundert es nicht, dass die Tulpe zum bedeutendsten vanitas-Symbol wurde. Die Malerei des 17. Jahrhunderts zeigt sie häufig zusammen mit Totenschädeln. Hierzulande galt sie bisweilen als hochmütig und eitel nüchtern und kühl. So wenig die Tulpe eine Freundin der Mythologie ist, so wenig ist sie eine Verbündete der Dichter. In deren Werke hat sie kaum Eingang gefunden. In die Herzen der einfachen Leute schlich sich die schöne Lalé wenigstens als Frühlingsblume, als Symbol für die Auferstehung nach dem Tode. sw

Links: Blüten und Zwiebel einer Wildtulpe, 1809
Rechts: Georg Flegel, *Zwei Tulpen*, um 1630

Veilchen

Viola odorata

Sinnbild für unschuldige Liebe. Die Wappenblume Napoleons bedeutet auch Demut, Zielstrebigkeit und Zähigkeit. Tief muss man sich hinunter beugen, um die violetten Blüten des duftenden Veilchens unter ihren grünen Blättern zu entdecken. »Ich steh' verborgen und gebückt und mag nicht gerne sprechen«, lässt Goethe das Veilchen sagen. Dabei hat die geliebte Frühlingsblume viel zu erzählen. Im Mittelalter galt sie als Zeichen der Demut und Bescheidenheit. Sie symbolisierte die Demut der Gottesmutter, versinnbildlichte aber auch deren Zielstrebigkeit und Zähigkeit, die wiederum gleichgesetzt wurde mit der weiten und raschen Verbreitung der kirchlichen Lehre. Diese Deutung hängt mit der früh beobachteten besonderen Wachstumsform des Veilchens zusammen. Kaum eine Pflanze ist so zielstrebig und erfolgreich in ihrem Ausbreitungsdrang. Nach der ersten Blüte im März beginnt sie mit Hilfe kleiner Ranken und Zugwurzeln sehr rasch ein großes neues Blätterpolster um die Mutterpflanze auszubilden. Die schönen violetten Blüten, die uns so erfreuen, sind unfruchtbar und werden nicht bestäubt. Im Sommer bilden die Veilchen noch einmal Blüten aus, die völlig unscheinbar sind und sich in der zu Boden geneigten Knospe selbst befruchten. In dieser Besonderheit sah man ein wunderbares Gleichnis für die jungfräuliche Empfängnis Mariä. Shakespeare dagegen ernannte sie zu Symbolen unschuldiger Liebe.

Veilchen waren immer und überall begehrt. Das antike Athen wurde als »veilchenbekränzte« Stadt besungen, denn mit Veilchenkränzen schmückten die Athener ihre Gäste, ihre Türen und die Statuen ihrer Götter. Mohammed erklärte sie zum Symbol seiner Lehre, und in Persien nannte man sie die »Rosenpropheten«, als Vorläufer der noch süßer duftenden Rosen.

Im Mittelalter band man das erste Veilchen an eine Stange und tanzte einen Frühlingsreigen zu seinen Füßen. In den berühmten Gärten der Kaiserin Joséphine durften die bescheidenen Veilchen in großer Zahl wachsen. Ihre Leidenschaft übertrug sich auf Napoleon, der aus der Verbannung in Elba verkündete, er käme mit den Veilchen wieder. Als er im folgenden März in Paris einzog, trugen seine Anhänger Veilchen im Knopfloch, und Veilchen wurden die Wappenblumen Napoleons und seiner Namensnachfolger. Veilchen vom Grabe Josephines begleiteten Napoleon nach St. Helena. Schon in der Antike pflanzte man Veilchen auf die Gräber, denn diese duftenden Blumen hatten mythologische Beziehungen zum Jenseits. Persephone spazierte über eine Veilchenwiese, als Hades sie raubte und in die Unterwelt verschleppte. So wurden die Veilchen auch zum Sinnbild der unsterblichen Seele und zum Symbol der Wiederauferstehung und des Frühlings. Mit ihrem feinen, aber betörenden Duft konnte Hephaistos, der hässliche Gott des Feuers, Aphrodite, die Meisterin der Liebe, doch noch betören. Den Veilchenkränzen, die er sich um Haupt und Hals geschlungen hatte, konnte sie nicht widerstehen.

MH

Links: Duftende Veilchen, 1828
Rechts: Albrecht Dürer, *Veilchenstrauß*, 1501

Vergissmeinnicht

Myosotis palustris

Symbol der Sehnsucht nach Treue und Beständigkeit. Wie eine Spiegelung des blauen Himmels wirken die zarten Blüten dieser populären Pflanze. Mit ihrem Namen sagt sie uns bereits, dass sie zum Symbol menschlicher Sehnsucht nach Treue und Beständigkeit geworden ist. In allen europäischen Sprachen trägt die Blume diesen Namen des Nichtvergessens, so im Englischen *forget me not*, im Französischen *ne m'oubliez pas*, im Italienischen *non ti scordar di me*. Eine Legende erzählt, Gott selbst habe das Pflänzchen so genannt, weil es seinen eigentlichen Namen, den es bei der Erschaffung der Welt erhalten hatte, nicht behalten konnte.

Gerne wird die Blüte mit dem gelben Mittelpunkt mit einem Auge verglichen und dichterisch werden blaue Mädchenaugen zu Vergissmeinnichtaugen. Seit dem 15. Jahrhundert gibt es das Vergissmeinnicht – wir wissen nur nicht genau, welche Blume damit ursprünglich gemeint war. Mit liebenswerten Damen soll man über schöne Kleider und Vergissmeinnicht-Blumen reden, heißt es schon 1419. Wenig später findet man die Blume auf den Tafelbildern zu Füßen Mariä oder anderen Heiligenfiguren. Die griechischen Botaniker, die als erste den Pflanzen Namen gaben, nannten es nach der Form seiner Blätter *Myosotis* oder Mäuseohr. Sie schätzten die in der Pflanze schlummernden medizinischen Eigenschaften und ordneten das Vergissmeinnicht unter die Heilpflanzen ein. Die in ihm enthaltenen Wirkstoffe nutzten sie bei Augenentzündungen, Geschwüren und Abszessen oder bei Schwächezuständen des gesamten Körpers. Ein frühes deutsches Kräuterbuch von 1574 nennt das Vergissmeinnicht noch in Nachfolge der antiken Autoren »Mausöhrlein«.

Den Volkssagen nach ist das Vergiss-nicht-mein die blaue Wunderblume, die zu allem verhelfen soll, wonach das Herz sich sehnt. Sonntags- oder Glückskinder binden sie an einen Stab und öffnen damit unsichtbare Türen, hinter denen alle Schätze der Welt ausgebreitet liegen. Jetzt aber erhebt das blaue Blümchen seine sanfte Stimme. »Vergiss das Beste nicht«, warnt es. Was als moralische Aufforderung verstanden werden will, über allen irdischen Gütern die Gottesliebe und die Demut nicht zu vergessen und sich nicht in eitler Selbstliebe zu verlieren. Wenn die blauen Blüten des Vergissmeinnicht auf den Blumenstillleben unter den glänzenden Prachtblüten hervorlugen, dann sollen sie dem, der darüber nachdenken mag, diese Botschaft überbringen.

Das 17. Jahrhundert meinte, dass eine untertänige Seele aus der moralischen Bedeutung einer Blume Gewinn ziehen könne. Die Betrachtung eines Vergissmeinnicht bot die Möglichkeit, vielen schönen Gedanken an Gott, sich selbst und den Tod folgen zu können, denn auch die kleinsten Blumen können tugendhaften Personen nützliche Lehren erteilen. MH

Links: Blüten und Samen des Sumpf-Vergißmeinnicht, 1840
Rechts: Balthasar van der Ast, *Stilleben mit Blumenkorb*, 1640/50

Zitronen und Orangen

Citrus limon und Citrus sinensis

Sinnbild für das Paradies, für Fruchtbarkeit und ewige Jugend. Die zauberhaft duftenden weißen Blüten und die farbenprächtigen Früchte im immergrün glänzenden Laub der Zitruspflanzen begeistern jeden Betrachter. Keine andere Pflanze vereint so vollkommen wie sie das Schöne mit dem Nützlichen. Kaum waren diese Pflanzen, aus China kommend, in der Antike im Mittelmeerraum bekannt geworden, spielten sie schon eine Rolle in Mythologie und Religion. Die seltene Eigenschaft dieser Bäume, gleichzeitig Blüten und Früchte zwischen den dunkelgrünen Blättern hervorzubringen, ließ sie zu Symbolen für Paradies, Unsterblichkeit, ewige Jugend und Fruchtbarkeit werden. Im antiken Griechenland wurden sie zur botanischen Definition aller bis dahin märchenhaft unbestimmten goldenen Äpfel. Das Hochzeitsgeschenk der Erdmutter Gaia für das höchste Götterpaar Zeus und Hera, ein Baum mit goldenen Äpfeln, galt nun als Zitrusbaum. Er wurde im Garten der Götter aufbewahrt, gepflegt von den Hesperiden und wegen seiner ungeheuren Kostbarkeit von einer großen Schlange bewacht. Herakles raubte die Goldäpfel mit Hilfe des Riesen Atlas. In Antike, Renaissance und Barock wurde er mit diesen goldenen Früchten in den Händen abgebildet, als Symbolen der Unsterblichkeit und eines goldenen Zeitalters. Dass in den Mittelmeerländern Orangenblüten der klassische Brautschmuck sind, verdanken sie zum einen ihrem herrlichen Duft und der Deutung aller weißen Blüten als Symbole der Tugend, der Keuschheit und der Unschuld, zum anderen aber auch der Geschichte von der antiken Götterhochzeit und der Kostbarkeit der Pflanzen. Im Alten Testament werden die schönsten Früchte vom schönsten Baum als Festschmuck für das Laubhüttenfest gefordert. Zunächst schien der Zedernzapfen diese Forderung zu erfüllen. Als aber die Zitrusfrüchte bekannt wurden, galten sie fortan als die Früchte von Gottes schönstem Baum. Selbst Evas Apfel vom Baum der Erkenntnis des Guten und des Bösen wurde nun als Zitrusfrucht gedeutet. Es wird erzählt, dass Eva bei der Flucht aus dem Paradies eine Zitrone unter ihren langen Haaren versteckte und wir so wenigstens eine himmlische Frucht auf Erden haben. Später erscheinen Zitronen und Orangen auch als Symbole der Reinheit und Tugend auf Marienbildnissen.

Der süße Duft der Blüten wurde als Liebesversprechen verstanden, die Bitternis des Fruchtsaftes – süße Orangen wurden erst spät bekannt – als Zeichen des Schmerzes und des Todes. In den Zeiten der Pest sollten Zitronen vor Ansteckung und Seuche bewahren. Bis ins 20. Jahrhundert wurden bei Beerdigungen kostbare, aus südlichen Ländern importierte, duftende Zitronen mit getragen. Sie waren mit Gewürznelken besteckt oder mit Rosmarinzweigen geschmückt – zum Zeichen des ewigen Lebens. MH

Links: Blüte und Frucht einer bitteren Orange, 1820
Rechts: Francisco de Zurbáran, *Zitronen, Orangen, Rose*, 1633

Akelei Seite 21
Rachel Ruysch, *Blumen in einer Vase*,
Anfang 18. Jh., Öl auf Leinwand,
London, The National Gallery

Anemone Seite 23
Jean-Michel Picart, *Blumen in einer Karaffe*,
um 1650, Öl auf Leinwand,
Saint-Etienne, Musée d'Art Moderne
de Saint-Etienne

Christrose Seite 25
Helleborus niger,
aus: Curtis Botanical Magazine,
Band 1, 1787, Berlin, Botanischer
Garten, Botanisches Museum

Distel Seite 27
Barbara R. Dietzsch, *Stachel-Eselsdistel mit Insekten*,
o. D., Deckfarben,
Berlin, Kupferstichkabinett. Staatliche Museen
zu Berlin Preußischer Kulturbesitz

Erdbeere Seite 29
Adriaan Coorte, *Stilleben mit Früchten und Spargel*,
1703, Öl auf Leinwand,
Antwerpen, Koninklijk Museum
voor schoone Kunsten

Granatapfel Seite 31
Jan Davidsz de Heem, *Früchte- und Blumenkartusche mit Weinglas*, 1651, Öl auf Leinwand,
Berlin, Gemäldegalerie. Staatliche Museen
zu Berlin Preußischer Kulturbesitz

Hyazinthe Seite 33
Daniel Seghers, *Blumengirlande mit Maria, Christus und dem Johannesknaben*, um 1645,
Öl auf Leinwand, Berlin, Gemäldegalerie. Staatliche Museen zu Berlin Preußischer Kulturbesitz

Iris – Schwertlilie Seite 35
Jan Breughel d. Ä., *Kleiner Blumenstrauß in einem Tongefäß*, um 1670,
Öl auf Leinwand, Wien,
Kunsthistorisches Museum

Jelängerjelieber – Geißblatt Seite 37
Maria van Oosterwyck, *Blumen und Muscheln*,
1740, Öl auf Leinwand, Dresden,
Gemäldegalerie Alter Meister

Jungfer im Grünen Seite 39
Osias Beert, *Blumenkorb*, um 1615,
Öl auf Holz, Paris, Musée du Louvre

Kaiserkrone Seite 41
Jan Breughel d. Ä., *Blumenstrauß*, nach 1607,
Öl auf Eichenholz, München, Alte Pinakothek,
Bayerische Staatsgemäldesammlungen

Kamelie Seite 2 und 43
Ferdinand Waldmüller, *Geburtstagstisch*,
1840, Öl auf Leinwand,
Köln, Wallraf-Richartz-Museum

Kornblume Seite 45
Daniel Seghers, *Vase mit Blumen*,
1637, Kupfer, Bamberg, Staatsgalerie
Bamberg (Residenz),
Bayerische Staatsgemäldesammlungen

Krokus Seite 47
Ambrosius Bosschaert d. Ä., *Blumenstrauß*,
1620, Öl auf Leinwand,
Paris, Musée du Louvre

Levkoje Seite 49
Jacques Linard, *Blumenstrauß*,
Anfang 17. Jh., Öl auf Leinwand,
Paris, Musée du Louvre

Lilie Seite 51
Balthasar van der Ast,
Stilleben mit Blumen und Früchten,
um 1640/50, Öl auf Eichenholz, Dessau,
Anhaltinische Gemäldegalerie Dessau

Maiglöckchen Seite 53
Jacques de Gheyn, *Blumen in einem Glas (Römer)*, 1612,
Öl auf Leinwand, Den Haag,
Haags Historisch Museum

Malve Seite 55
Rachel Ruysch, *Vase mit Blumen auf einem Gesims*, 1701,
Öl auf Leinwand, Cambridge, Fitzwilliam
Museum, University of Cambridge

Maßliebchen – Gänseblümchen Seite 57
Bellis perennis,
aus: Curtis Botanical Magazine, Nr. 228
Band 7, 1793, Berlin, Botanischer Garten,
Botanisches Museum

Mohn Seite 59
Jan Davidsz de Heem, *Blumenstrauß in einer Glasvase,* um 1640,
Öl auf Leinwand, Berlin, Gemäldegalerie. Staatliche Museen zu Berlin Preußischer Kulturbesitz

Myrte Seite 61
Piero di Cosimo, *Venus, Mars und Amor,* um 1505,
Öl auf Pappelholz, Berlin, Gemäldegalerie.
Staatliche Museen zu Berlin
Preußischer Kulturbesitz

Narzisse Seite 63
Roelant Savery, *Blumenstrauß,* 1612,
Öl auf Leinwand, Vaduz, Sammlungen des
Fürsten von Liechtenstein, Schloss Vaduz

Nelke Seite 65
Jacob Marrel, *Blumengeschmückte Kartusche mit der Ansicht von Frankfurt,* 1651,
Öl auf Holz, Frankfurt a. M., Historisches
Museum der Stadt Frankfurt am Main

Passionsblume Seite 67
Jan Frans van Dael, *Das Grabmal der Julie,*
1803/04, Öl auf Leinwand,
Malmaison, Chateaux de Malmaison
et Bois-Préau

Pfingstrose Seite 69
Ambrosius Bosschaert d. Ä., *Blumenstrauß,*
um 1610, Öl auf Leinwand,
München, Alte Pinakothek,
Bayerische Staatsgemäldesammlungen

Primel Seite 71
Jan van Huysum, *Blumenstrauß vor Parklandschaft,*
um 1730, Öl auf Leinwand,
Wien, Kunsthistorisches Museum

Ringelblume Seite 73
Ambrosius Bosschaert d. Ä., *Blumenstilleben,*
1614, Öl auf Kupfer,
Los Angeles, The J. Paul Getty Museum

Rose Seite 75
Antoine Berjon, *Stilleben mit Blumen, Muscheln, einem Haikopf und Versteinerungen*, 1819, Öl auf Leinwand, Philadelphia Museum of Art. Purchased with the Edith H. Bell Fund

Rosmarin Seite 77
Isaak Soreau (?), *Stilleben mit Früchten, Weinglas und Blumenvase*, um 1620, Öl auf Leinwand, Wien, Kunsthistorisches Museum

Sonnenblume Seite 79,
Jan Davidsz de Heem, *Früchte- und Blumenkartusche mit Weinglas*, 1651, Öl auf Leinwand, Berlin, Gemäldegalerie. Staatliche Museen zu Berlin Preußischer Kulturbesitz

Stiefmütterchen Seite 81
Henri Fantin-Latour, *Stilleben mit Stiefmütterchen*, 1874, Öl auf Leinwand, New York, The Metropolitan Museum of Art, Mr. and Mrs. Henry Ittleson, Jr. Purchase Fund, 1966.66.194

Tulpe Seite 83
Georg Flegel, *Zwei Tulpen*, um 1630, Aquarell, Berlin, Kupferstichkabinett. Staatliche Museen zu Berlin Preußischer Kulturbesitz

Veilchen Seite 85
Albrecht Dürer, *Veilchenstrauß*, 1501, Aquarell, Wien, Albertina

Vergissmeinnicht Seite 87
Balthasar van der Ast, *Stilleben mit Blumenkorb*, 1640/50, Öl auf Leinwand, Stockholm, Statens Konstmuseer

Zitronen und Orangen Seite 89
Francisco de Zurbáran, *Zitronen, Orangen, Rose*, 1633, Öl auf Leinwand, Pasadena, The Norton Simon Museum

Register der Blumen und ihrer Bedeutungen

Die Ziffern verweisen
auf die Seitenzahlen

Blumennamen

Bedeutungen

Fotonachweis

S. 2, 43, 92: Rheinisches Bildarchiv, Köln; S. 8: Eberhard Thiem (Lotusfilm), Kaufbeuren; S. 9: Museo delle Terme, Rom/Scala; S. 10: Bildarchiv Preußischer Kulturbesitz, Berlin; S. 11: Österreichische Nationalbibliothek, Wien; S. 12: Jörg P. Anders, Berlin; S. 14 oben: Klut/Estel, Dresden; S. 14 unten, 61, 92: Jörg P. Anders, Berlin; S. 15: Musée des Arts Decoratifs, Paris – E. Sully-Jaulmer; S. 16 oben: Jörg P. Anders, Berlin; S. 16 unten: Réunion des Musées Nationaux, Paris – G. Blot; S. 18 unten: Artothek, Peissenberg; S. 19: G. Cussac, Brüssel; S. 21, 90: National Gallery, London; S. 23, 90: Musée d'Art moderne de Saint-Etienne; S. 25, 90: Marina Heilmeyer, Berlin; S. 27, 90: Jörg P. Anders, Berlin; S. 29, 90: Jörg P. Anders, Berlin; S. 31, 90: Koninklijk Museum voor schone Kunsten, Antwerpen; S. 33, 90: Jörg P. Anders, Berlin; S. 35, 90: Kunsthistorisches Museum, Wien; S. 37, 90: Gemäldegalerie Alte Meister, Dresden; S. 39, 91: Réunion des Musées Nationaux, Paris – G. Blot/C. Jean; S. 41, 91: Joachim Blauel – Artothek, Peissenberg; S. 45, 91: U. Zimmermann – Artothek, Peissenberg; S. 47, 91: Réunion des Musées Nationaux, Paris – C. Jean; S. 49, 91: Réunion des Musées Nationaux, Paris; S. 51, 91: Anhaltinische Gemäldegalerie Dessau; S. 53, 91: Haags Historisch Museum, Den Haag; S. 55, 91: Fitzwilliam Museum, University of Cambridge; S. 57, 92: Botanischer Garten und Botanisches Museum, Berlin; S. 59, 92: Jörg P. Anders, Berlin; S. 63, 92: Sammlungen des Fürsten von Liechtenstein, Schloss Vaduz; S. 65, 92: Horst Ziegenfusz; S. 67, 92: Réunion des Musées Nationaux, Paris – Arnaudet, J. Scho; S. 69, 92: Joachim Blauel – Artothek, Peissenberg; S. 71, 92: Kunsthistorisches Museum, Wien; S. 73, 92: The J. Paul Getty Museum, Los Angeles, CA; S. 75, 93: Graydon Wood; S. 77, 93: Kunsthistorisches Museum, Wien; S. 79, 93: Jörg P. Anders, Berlin; S. 81, 93: The Metropolitan Museum of Art, New York; S. 83, 93: Jörg P. Anders, Berlin; S. 85, 93: Albertina, Wien; S. 87, 93: The National Museum of Fine Art, Stockholm; S. 89, 93: The Norton Simon Foundation, Pasadena, CA

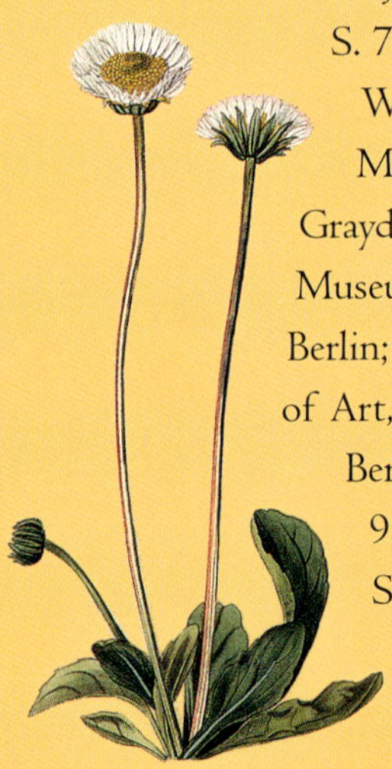

Die botanischen Abbildungen stammen aus folgenden Werken:

S. 46 aus: Caspar Anckelmann, *Blumenbuch* (Horti Anckelmanniani I.), Norddeutsche Schule, um 1700, 191 bemalte Blätter ohne Text; Kupferstichkabinett. Staatliche Museen zu Berlin Preußischer Kulturbesitz

S. 48 aus: Basilius Besler, *Hortus Eystettensis*, Nürnberg 1613

S. 22, 28, 40, 42, 44, 62, 72, 82 aus: *Curtis Botanical Magazine*, 1787–1839. Der Apotheker William Curtis (1746–1799) gründete 1787 das *Botanical Magazine*, das nach seinem Tode von Samuel Curtis fortgesetzt wurde. Bis 1799 wurden die Abbildungen von Sowerby und Kilburn gezeichnet. Botanischer Garten und Botanisches Museum Berlin-Dahlem, FU Berlin

S. 20, 36, 38, 60, 64, 70, 76, 78, 86 aus: Diedrich Franz Leonhard von Schlechtendal, *Flora von Deutschland*, Jena 1840–1873, Zeichnungen von Ernst Schenk nach alten Vorlagen. Botanischer Garten und Botanisches Museum Berlin-Dahlem, FU Berlin

S. 32, 50 aus: Heinrich Gottlieb Ludwig Reichenbach, *Deutschlands Flora*, 1837–1850, die Zeichnungen stammen vom Autor. Botanischer Garten und Botanisches Museum Berlin-Dahlem, FU Berlin

S. 52 aus: Ludwig Michael Dietrichs, *Flora des Königreichs Preußen*. Botanischer Garten und Botanisches Museum Berlin-Dahlem, FU Berlin

S. 24, 26, 30, 34, 54, 58, 68, 74, 80, 84 aus: Theodor Friedrich Ludwig Nees von Esenbeck, *Plantae officinalis oder Sammlung offizineller Pflanzen*, mit lithographischen Abbildungen von Aimé Henry, Düsseldorf 1821–1828. Botanischer Garten und Botanisches Museum Berlin-Dahlem, FU Berlin

S. 56 aus: Jean-Jacques Rousseau, *La Botanique*, illustriert von Pierre-Joseph Redouté, 1805

S. 88 aus: Antoine Risso/Antoine Poiteau, *Histoire Naturelle des Orangers*, Paris 1818–1820. Orto Botanico del Universitá di Napoli, Italien

Besonderer Dank gilt Herrn Dr. Dietrich Roth, Hamburg, für die Bereitstellung der Vorlagen für die Abbildungen S. 22, 46 und 68.